精英
是干出来的

薛雅翔◎著

台海出版社

图书在版编目（CIP）数据

精英是干出来的 / 薛雅翔著. -- 北京：台海出版
社，2017.8
ISBN 978-7-5168-1520-5

Ⅰ．①精… Ⅱ．①薛… Ⅲ．①成功心理—通俗读物
Ⅳ．①B848.4-49

中国版本图书馆CIP数据核字（2017）第190165号

精英是干出来的

著　者：薛雅翔			
责任编辑：姚红梅		装帧设计：天之赋设计室	
版式设计：于苗苗		责任印制：蔡　旭	

出版发行：台海出版社

地　址：北京市东城区景山东街20号，邮政编码：100009

电　话：010－64041652（发行，邮购）

传　真：010－84045799（总编室）

网　址：www.taimeng.org.cn/thcbs/default.htm

E-mail：thcbs@126.com

经　销：全国各地新华书店

印　刷：三河市天润建兴印务有限公司

本书如有破损、缺页、装订错误，请与本社联系调换

开　本：880×1230	1/32	
字　数：97 千字	印　张：7	
版　次：2017年10月第1版	印　次：2017年10月第1次印刷	
书　号：ISBN 978-7-5168-1520-5		
定　价：32.80元		

　　人有穷富之分，马有贵贱之别。谁穷？谁富？是先天注定还是后天决定？是口袋富还是脑袋富？要知道，天下人所有的经济来源，无一例外地都是通过强大的思维方式和不懈的经营能力得来的。

　　每个人的一生中都会经历很多绝境，当这些绝境让你感觉到无路可走的时候，我们开始不断地去学习、去充电、去取经。其实成功的人大体都一样，而不成功的人却各有理由，别人成功了，是因为别人凭着智慧和实干的精神做到了。也许他们时机更好，但他们在时机到来之前，已经做好了充分的准备，打下了良好的基础。几乎所有的人都想成为行业中的精英，然而，很多人的现状却是——思想上的巨人、行动上的侏儒。伟大的成功原理无非就是"四点一线"，把脑、口、心、腿四个点连成一条线，同时行动起来。所以不要羡慕别人的成功，不要嫉妒他人的优秀，因为别人的成功和优秀都是干出来的，拼出来的。

不管是那些伟大的商业领袖，还是我们寻常的百姓，只要有一个强烈的欲望，只要敢于面对绝境，破釜沉舟，永远行动在他人之前，就可能获得更大的成功机会，我们就会是生命中的强者，就会博得无限的精彩。当今，无论是战场、商场、职场，还是日常生活中，我们都在呼唤强者，祖国的建设需要强者，社会的发展需要强者，企业的运行需要强者，家庭的经营需要强者，而个人的发展则需要强大的心脏和果敢的行动。

面对经济的不景气，残酷的市场经济没有同情可言，更不存在怜悯，我们只能让自己变得更强大，使自己成长为一名精英。如今残酷而激烈的职场竞争，是能者上，庸者下，中者平，唯有精英才能生存。只有精英才能在"巨厦将倾，夫之若何"中脱颖而出。

职场如战场，尽管没有硝烟，但战况激烈，同样惊心动魄。结果虽然不是你死我活，但巨大的差距，足够让人恨不得"找缝钻"。职场就是兵场，只有进取、奋斗者才能够稳操胜券。面对强大的市场气流，坚韧挺拔和不屈不挠的奋斗精神是每一个职场精英所必须具备的，这是力量之源。将思维彻底颠覆，打破传统的观念，把自己的人生经历深度钻研，利用"没有钱也能赚大钱"的思维智慧，每一个人都将会成为一个传奇、一段神话、新一代的世界精英、商界领袖。

我想，在当今的经济社会，家、国、天下富强是一致的，它是我们个人奋斗的一个目标——家富，国富才能天下富；反过来就是说，想让国家富，必须要自己先富，然后带动周围的人，奔向共富之路。

在本书的启示中，你将开始颠覆传统思维模式，只有身体力行，才能出奇制胜！

献给敢想敢做、说到做到的勇者，献给每一位想成为精英的人。

目/录 Contents

第一章　最大的思维改变——干

——成功就要像鱼渴望水、人渴望氧气一样迫切！除
了要有一个迫切的心态外，还要有一个强大的执行力，什
么事都不要随大流，要学会从思维中变通，最大的变就是，
从现在起，开始干！

第二章　找到通往财富的捷径——闷声干

通往财富的暗道，往往都无法从正面进入，只有找到它设置的捷径——闷声干，才能让销售的"第三只眼睛"锁定市场走向，以另类思维占领行业的制高点！

第三章　与其等待机遇，不如创造机遇

如今一提到赚大钱似乎首先就会想到要去投资很多的钱，其实并不是这样的，大的投资并不一定能够赚到大钱，成功的关键是：我们要学会怎样在没有钱的情况下也能赚到大钱。善于把握市场发展的趋势，以"钻"的精神去发现事物本身以外的价值。

第四章 富人的脑袋，穷人的口袋

做市场要有狼的野心、虎的胆量和鹰的眼光，不给自己设置障碍，做到销售无限大！只有这样才能在"钱从哪儿来"的问题中找到答案：钱来自于自己的脑袋，别人的口袋，财富永远是靠智慧来赚取的。

第五章 鼓足干劲——闪亮亮的人生

天底下的成功都是在必然的情况下产生的，也存在着它必然的道理。将自己的人生经历整理总结，才能充分地展现生命的活力，鼓足干劲，让自己行动起来，成功的关键就是用心做，加油干！

第六章 顺势而上——运用智慧不蛮干

大气恢宏，成就英雄本色。鹰击长空，彰显强者力量。利用现有条件再度冲刺，在等的智慧中，将成功收于囊中。

第一章

最大的思维改变——干

——成功就要像鱼渴望水、人渴望氧气一样迫切！除了要有一个迫切的心态外，还要有一个强大的执行力，什么事都不要随大流，要学会从思维中变通，最大的变就是，从现在起，开始干！

第 1 节　固定思维是人生大敌

打破传统观念，成功与学历、背景无关！没有
学历、没有经验、没有很好的背景，一样可以成功！

过程 ≥ 结果

　　在传统观念中，成功和财富的来源似乎总和学历、
经验与背景联系在一起，就连平时去找工作也必须得具
备这些条件，有的还想鱼和熊掌兼得，要求这些条件都
具备！其实，这是一个观念上的大错误。如果今天你告

诉我，你没有过高的学历、没有丰富的经验，也没有很好的背景，那么你不要沮丧，我反而还要更加恭喜你，正因为你不具备这些条件，所以你的思想才没有局限性，没有被束缚住，在空白的纸上做文章，成功会更加简单顺畅。我想很多人就是在这样的情形下取得了伟大的成就，成了千万、亿万富翁，李嘉诚、鲁冠球、王永庆、曾宪梓等就是最成功的证明。

当然，如果我们真的具备上述这些条件的一个或大部分的话，那自然是最好不过了，可是就算我们不能拥有这些条件，也不要因此而产生什么思想障碍。很多人都知道世界"福布斯排行榜"这个词，它是记录全世界个人资产的一个名单，当你打开这个排行榜的时候，你会发现在世界上有 70% 的亿万富翁他们的学历、经验、背景都并不是很好，然而他们却很成功，这是为什么呢？我分析原因有三：

> 1. 正是因为他们没有过高的学历和优越的背景，所以他们更迫切地需要成功。

2. 在创业初期他们正是因为没有丰厚的资金投入，才不得不远离传统行业，以极小额的投入去另辟未知的空白市场，致使他们最后成了某个行业永久性的象征。

3. 也正是因为他们不具备过高的学历，相对来说没有太大的思维局限性和太多的想法，再加上思想活跃和敢想敢做，所以成功起来就比较容易。

所以，我要特别强调的是，在市场高速发展的今天要想快速成功，首先就必须要远离传统去挑战另类。别人成功的，我们远离它，找到自己擅长的那块价值洼地，有足够的空间让你去挖掘，并让自己的思维力量得到进一步的完善和提升。

在以前很多的励志课程中，我们经常可以看到关于过程和结果的辩论，那么到底是过程重要，还是结果重要？今天的市场主角已经进入了一个高热的经济时代，把财富进行到底，是过程重要还是结果重要？现在就让我们打破传统的观念，运用深度的思维灵感，以一个完全自我的形式来进行一个逆向的成功。

巨人 = 思想 + 行动

从特定意义上来说，销售就是把产品销售出去的一个完整过程，在这个过程中任何一个环节被疏失，都会直接影响最终的结果。说到这里，可能会让我们立刻想起今天有很多人都在奉行着的一个信条——只要结果，不管过程。但是今天，这句话不完全正确。如果把过程比作是孕育的话，那么结果就是收获。关键是看你孕育的过程是否健康，才能知道你收获的结果是否优良，两者具有因果关系。所以说，过程和结果应该是一对孪生姐妹，具有同等魅力，顾此失彼肯定会导致某个环节缺失，留下遗憾。

为什么这样说呢？我们可以想想看，无论任何事情，最后的结果是什么，都是由无数次的过程积累而来，市场经济也是如此。纵观那些伟大的时代，巨人无一不是具备一个与时代同步甚至超前的先进思想，还有与众不同的思维特质，以及持之以恒的行动过程。

干 = 一切

既然过程和结果具有同等魅力，那么把过程做好就需要快速的思维、行动。

如果我们把结果比作是风光无限的旅游景点，那么过程必定是通往这个景点的途径。景点只有一个，而通往景点的途径却有很多条，能不能顺利而快速地到达景点，完全取决于你选择的途径。

有一个考古专家，在荒凉的深山中发现了一座一千多年前的古墓，通过考证，他确认里面埋藏着价值连城的陪葬品。那位考古专家费尽千辛万苦，终于打开了墓门，就在这时，眼前的景象令他魂飞魄散：棺木上方有很多吊灯，其中竟然有一盏还燃烧着，有谁见过燃烧了一千多年还不熄灭的灯？考古专家十分惊骇，转身便逃，再也不敢回到墓中。

其实，当年墓穴被封闭后，耗尽了氧气的灯全部都熄灭了，但灯的燃料里含有磷，磷的燃点很低，一千多年后墓门重新打开，进入了新鲜的空气，而那盏灯正好对着墓门，就自燃了。如果那位考古专家在那里能再稍稍等一会儿，灯就会熄灭的。就这样，那位考古专家因为心里害怕，固守思维，而与重大的考古发现擦肩而过了。

虽然他的考古过程非常值得嘉奖，但是结果就差那么一点，实在有些可惜。

所以说，固定的思维模式是人生的大敌，那么你还在自卑自己的学历、经验和背景吗?

第 2 节　穷人最需要的是什么

穷人最需要的是钱吗？不是，其实穷人最需要的是野心和目标！

野心＋目标＝成功

这是一个极具魔力的话题，全人类对这个话题都充满了极大的兴趣，也是一个很费解的难题。就拿我们身边的例子来看吧，有时候你会发现有的人似乎赚钱很容易，好像没怎么费力就能收获大把大把的钞票，而有的人却风餐露宿、疲于奔命，一年到头来还赚不了几个钱，这是为什么呢？

其实财富划分给每个人的机会都是均等的，可问题是为什么就会有穷人和富人的区别呢？有一个神话故事：有一天，天神看见人间因为钱币的多少而爆发了战争，战争的惨烈让天神都不忍心看下去。为了平息这场因钱币而爆发的战争，天神只好收回了人间所有的钱币，然后再分发给每个人5个硬币，让天下所有的人财富均等，认为这下该相安无事了吧。可三年后，天神惊奇地发现人间又重新出现了穷人和富人。天神派人调查发现，穷人和富人的最大差别不是钱币的多少，而是观念和目标的不同。

记得以前看到这样一个小故事，说在美国有一些经济学家，为了找到致使穷人贫穷的真正原因，就给全世界出了这样一个问题："穷人最需要的是什么？"许多人都来回答，一时间，很多的答案出现在这些经济学家们面前。但这些答案都无法让经济学家们真正地感到满意，就在大家迫切地期待的时候，一个只有十几岁的孩子，说出了这个困惑了整个世界的难题，他的回答是："穷人最需要的是野心！"俗话说：心有多大，舞台就有多大！平时连想都不敢想的人，又怎么会去拥有呢？

要更加完善、补充的是：致使穷人贫穷的真正原因除了需要野心之外，还要具备一个明确的目标。

给自己设定一个小目标

一般人之所以贫穷，是因为根本就没有目标，在空白的大脑里、漆黑的思想中原地打转，无所适从。假如人生就是海上的行船，那么目标就是行船的航海图，在这张航海图上还必须要强调目标清晰化、思维明朗化和行动迅速化。让我们来分享下面一个小故事：

有一个游泳员为了超越自我，刷新吉尼斯世界纪录，信誓旦旦地向各大媒体宣称，要只身游过英吉利海峡。此消息一出所有的媒体都在关注，宣传力度甚至惊动了当地政府。

在实施计划的那一天，当局政府为了防止发生意外，特别派遣了一艘轮船作为营救措施，这个游泳员开始了挑战吉尼斯的伟大行动。

经过数天的长途冲刺，就在距离成功的彼岸越来越近的时候，恰逢天降大雾，这个情况也许是那个游泳员所没有想到的。由于能见度的降低，他开始产生了恐慌，但是他还是在拼命地告诉自己："要坚持！"

一天过去了、两天过去了、三天过去了……他还是看不到目标在哪里，在体力和意志长时间的考验下，他开始对自己产生了怀疑，不知道距离前面的目标还有多远，他已经没有能力再坚持下去了，他突然感觉到很失落。于是，在无奈迷茫的情况下，他不得不向身后的救生船发出了求救信号。

等弥漫了数天的大雾散尽之后，他才发现自己距离对岸只有不到2000米了。

一次伟大的壮举，就这样在看不清目标的情况下，被无情地扼杀于成功前的黎明。他不是没有目标，而是外界环境的干扰使他一时看不清目标，丧失了意志力和坚持力，最后不得不放弃，真是太遗憾了。仔细想想，我们经常不也是如此吗？一开始信誓旦旦，在几经折磨之下，实在坚持不住了，就打起了退堂鼓，而又喜欢做事后诸葛亮：早知道成功只有一步之遥，我就再坚持那么一会啊！

我想说，目标就是责任。既然我们已经找到了导致贫穷的那根筋，那么接下来应该怎么做呢？好！让我们进入下一节课程，看看该如何设定一个属于自己的目标。

第 3 节　目标要细，切实可行

> 把目标精确化，成功的道路才能明朗化！目标就是人生理财，必须要"细"！

目标必须看得见，要能做到，而且要高一点

当思想的境界超越了自我的潜能之后，接下来的事情就是应该着重考虑自己的人生定位问题——把你的人生精确化。孙正义 19 岁时，还是个穷大学生，每当看

到父母因为他的学费而一筹莫展的时候，他就暗暗立志要"站起来"，在无数次的计划分析后，他选择了用思想去赚钱。他首先给自己制定了一个长达50年的人生宏伟规划，在他的规划中，他要在40岁前赚到10亿美元。在这样的目标引导下，孙正义正是给自己认为合理的定位上套上了一个负责任的金箍，才让自己的人生宏伟的"大厦"得以准时竣工。

今天，我们无须去临摹别人的50年，给自己制订一个10年的中期人生规划，写下至少5个愿望，把这些愿望作为鞭策你前进的动力，让他时刻提醒你，看看在自己的设想中，能不能像孙正义一样将人生规划准时竣工，用什么方法和步骤去完成？

所以今天我想问的是：你想要的是什么？你能做什么？你现在做的又是什么？把这样的问题向自己每天反问几十遍，看看能得到一个什么样的答案。

我要为我的责任负责

人与生俱来就注定要承担多种责任和使命，在这种责任和使命面前，你是不是为自己的使命负责呢？

我们都喜欢说"天生我材必有用"，在你身边有友人、有亲人，当然还有你的仇人，更包括那些你还没有来得及认识的陌生人，他们都在眼睁睁地看着你的变化、等待着你的声音。别的先不说，就说我们自己吧，都有自己的生日对不对，当这一天到来的时候，我们都会或大或小地庆贺一番，可是我们有没有想过，这一天还是一个让我们更加刻骨铭心的日子：那就是我们母亲的受难日！我们顺利地来到这个世界上，是因为有了母亲的坚持与忍耐，才有了我们今天的庆贺，可是如果当时稍有不测呢？那么今天又会是什么日子呢？在后来的成长历程中，从童年到青年，从青年到成年，我们的每一个成长日夜，都在时刻牵动着父母的寸寸情肠，尤其是当孩儿出门在外，真是可怜天下父母心呀！可是我们又要用什么来回报父母的抚育之恩呢？

还有一次，我们讨论一个话题，引出了我对一个问题震撼性的认识。经常看到典籍记载，古人的父母去世，子（女）要守孝三年。尤其是孔子死后，有弟子在其坟前守孝三年，子贡更是厉害，在坟前筑起小屋，守孝六年，实乃大孝。我们可能会觉得这不可思议，为什么什么事都不干，就在坟前守孝，这不是浪费时间和生命吗？这就是古人的礼，这种礼根源于：当你出生时，母亲为你历尽千辛万苦，用生命换来了你的新生；出生后，还要为你吃喝拉撒全部负责，吃不好饭，睡不好觉，头三年简直就是磨难父母。因此，古人的守孝三年就是还这三年的情。看到这样的解释后，我真是佩服古人的高明，这样的礼确实有合理之处呀，尤其当你初为人父人母并亲自带小孩后，你的体会将会更加深刻。

下面就让我们来共同呐喊一个口号：

目标小而美＋可行

我们又应该怎样为这份责任负责呢？那就让我们先从设定目标、规划人生做起吧！

1. 设定目标、规划人生，首先要具备准确的数字和精确的期限。比如：要在某年某月某日距今多长时间做成什么样了，做到什么职位？房子要多大面积的？多少钱？在哪儿买？车子要多少钱的？什么牌子的？什么款式的？孩子在什么学校上学？一年花多少钱？自己要哪年哪月去哪些地方旅行？自己承诺要给伴侣、父母、亲友在哪一年什么礼物，满足什么要求，等等。这些目标虽然很功利，只是举例子，无论什么样的目标，一定要精确化、具体化，成功的道路才能明朗化，你的追求才更有的放矢。

2. 其次就是目标必须合理，切实可行。如果有人说，我的目标是长生不老，那么我要告诉你这个目标不但不合理，而且还非常荒谬。合理地设定目标就是必须要务实，凭借着"用"和"细"的心态来刺激心理盲区，寻找这个世界上的空白，然后以独特的想法和大胆的行动，通过努力去人为完成。

在孙正义立志要"站起来"，并给自己制订了一个长达 50 年的人生规划后，他开始计划着怎么去完成。当时他也曾想过去快餐厅打工等，但是又很快被他否决了，因为照着他规划的人生，这样下去是很难完成的。就在他极其苦恼的时候，他发现每个国家的语言和语言之间存在着巨大的隔阂，突然间他有了一个大胆的想法，能不能去发明一个多国语言翻译机，通过自己的创造来完成人生规划呢？正是这一惊人之举，让他在短短一年中凭着自己的智慧，赚了 100 万美元。

如果说孙正义的神话是 20 世纪 60 年代的事情，那么就让我们再来看一看湖南长沙的一个打工仔创造的另一个神话。

孙科是一个来自山区的水暖工，他每次从老家带来的特产怀山药，同事朋友们都很喜欢，甚至很多次同事掏钱让他多捎点。后来捎得多了，他通过货运从老家拉来几吨，也被同事和朋友瓜分完毕，他也大大赚了一笔。发现这个门道后，他在朋友的建议下，不仅开了实体店，还开了网店，亲人在家专门给他供货，他竟然把这做成了大生意，他的怀山药商店也遍及多个城市。

在我的创意策划下，有一家爱情拯救公司正式开业，专门为那些爱情和婚姻出问题的双方进行调解和心理疏导，已经帮助几对夫妻关系恢复如初，更使他们消除了长期的心理隔阂，认识到沟通和互谅的重要性，除了报酬，还一个劲地感谢我挽救了他们的家庭，这是用钱买不回来的。尽管公司影响力还不是很大，但我相信它的前景是相当乐观的，因为当前婚姻问题是如此之多，离婚率在逐年上升。事实上，谁也不想瞎折腾，婚姻中到底哪出了问题呢？这就需要婚姻调解师！

20世纪60年代的孙正义，之所以能在短短的时间里就拥有百万，其实也是给自己设定了一个合理的目标，再通过"用"和"细"的心态来激发了灵感，找到了市场的需求、握住了财富的脉搏。

第4节　脑袋没钱穷一世

面对贫穷，要敢于说"不"！克服思想的恐惧，让"反弹"效应决胜！

甘于贫穷＝商机溜走

"面对贫穷，要敢于说'不'"，这是告诉大家要想改变贫穷的现状，就是首先要有一颗不甘愿安于现状的心，让绝不可能变成绝对可能，将日常生活中的"常态"彻底颠覆，变"常态"为"动态"！那么，什么是日常生活中的"常态"呢？所谓"常态"就是每个人每天几遍甚至几十遍地反复做的一些动作和习惯。

在生活中由常态带来的很多珍贵的资源，都有可能给我们创造无限的商机，但遗憾的是这些商机却被我们在无意中给忽视掉了。导致这些商机流失的最大原因——就是我们自身缺乏想象力。

这些宝贵的资源被深深地埋藏在大脑底层，很少被利用，久而久之便形成了"贫穷就是一种习惯"的局面，当常态带着风暴般的商机到来时，我们这种宝贵的资源因为被贫穷的习惯所同化，所以也就懒得去想，懒得去思考，任由商机从身边溜走，拱手相让而自己却浑然不知。

不做格式人，不走寻常路

变"常态"为"动态"，还需要凭借着"用"和"细"的心态再加上丰富的想象力。如果没有生活中的一些细节被发现，贝尔也不可能通过电流在接通或截断时螺旋线发出的噪音而成功地发明第一部电话；如果没有把一些常态的动作去反复思考，一位美国学者也不会从随手丢掉的香蕉皮中发明了润滑剂……，这样的例子数不胜数。

前人的诸多成功告诉了我们一个重要的秘诀——"悟"。由此想起了一位成功学大师的一句话：成功的一切源于对生活的热爱。是的，一切财富的来源都是生活中的慧眼发现。

想一想你每天都在做些什么？每天都会去重复一些什么样的动作？从这些动作中你用心去领悟到了什么？前些年一位知名的销售大师曾经强调过这样一句话：要系统化的管理模式。而今天我要补充一句：要系统化的动态模式。

系统化的动态模式，就是除了拥有丰富的想象力以外，还要将野心、胆量、眼光、思维、行为、自我一系列展现出来。被誉为商界神话的孙正义，有过一句极具说服力的话：不做格式人，不走寻常路。

当然要想成为像孙正义一样的传奇，仅凭上面的这些还是远远不够的，还必须要具备以下能力。

1．行销能力——行销能力是获得财富的渠道

小生意靠守，大生意靠走。要想做大，要想成为超级富豪，让我们马上行动起来！

2．善于利用营销——销售无处不在

都知道美国有个叫乔·吉拉德的人被称为销售之神，他在卖汽车的时候就特别善于利用营销。他甚至在去商场购物时、在去上公厕时都会随手给身边的人递上一张名片，告诉别人："我叫乔·吉拉德，我是卖汽车的，如果您需要买汽车请找我。"想必大家都听说过他站在楼顶向下面撒名片的疯狂举动吧。

3．善于利用系统——系统化思考，系统化行动

借用成功者的力量和经验是成功的捷径，学到他们的精华。正所谓，站在巨人的肩膀上比巨人还高。

2006 年我只身一人去内蒙古包头市，当时的我已经是身无分文了，为了生存下去，我不得不 24 小时地拼命赚钱，白天在一家报社做业务，晚上则到一些 KTV 去

做管理。因为自己超强的业务能力，我很快得到了这家地方性知名的DM（广告）公司的老总器重，除了高额的工资外，他还拿出了公司25%的干股给我。但是我并不满足于这个小小的成就，在动态的刺激下，我发现包头出租车广告是一个空白市场。

代理出租车广告的这一想法油然而生，但是凭我当时的经济条件是根本不可能办成的，这件事怎么办？经过冥思苦想后，我想到了利用我所在的DM公司的力量来帮我完成。

于是，我便和这家公司的老总进行了一次长谈，将包头出租车广告的前景和利润空间一一做了分析，并提出由他来负责前期的一切费用，我来负责经营。在多次的交谈论证中，他终于点头同意了。

接下来的事情就是广告的代理和人员的组合，因为我当时根本就拿不出钱来投资，于是我就提出借用现金2000元、办公设备一套和设计人员一名，然后将60%的股份给他。我又以这家DM公司的项目经理的身份和出租车公司谈，以出租车公司做监督并参与股份的条件为突破口，最后达成妥协，以先代理后付代理费的形式，代理了包头近 10000 辆出租车广告。

然后我开始招聘业务人员，我告诉自己所有的人员必须 3 天上岗 20 天出业绩，否则我连员工的工资都付不起。

就这样我通过完善地利用系统，仅 17 天就创办了包头唯——家以出租车为媒体的广告公司，取名为塞外名片。在第 22 天时公司就接到了一笔 5 万元的订单，仅仅用了 3 个月的时间，公司的净营业额就突破了 10 万元。

所以说只要善于利用系统思考和行动，一切都有可能，我们每个人都能创造传奇。

4. 正确地坚持到底——坚持就是在最瓶颈的状态下"挺"过去，迈过关卡

曾经有一个销售在推销保险的过程中发现了一个潜在的顾客，但是这个顾客却对保险非常反感，每一次都拒绝他，但是他从没有放弃过，他坚持每个星期都去看

望一次这个顾客。这一坚持就是漫长的 17 年，在这 17 年中无论是什么情况他都从未间断。

17 年后的一天，当他听到这个顾客不幸去世的消息后，他沮丧极了，他没想到 17 年换来了这样的结果，这意味着他所有的努力都前功尽弃了，但是他想了想后，还是决定最后再看望一次这个老朋友。当他走到灵堂做完祷告即将离开的时候，一个年轻人叫住了他问道："您是 ×× 先生吗？我父亲去世之前告诉我，如果在他去世后您还能坚持来看望他，就让我告诉您，我们全厂 3 万人都买您的保险。"

是呀，往往很多的奇迹都是在正确的坚持下发生的。

5. 改掉贫穷的习惯——贫穷也是一种懦弱的表现

它的最大特征就是：怕，怕万一，把什么事情都想成不可能。现在就让我们来看看"不可能"这三个字是怎样组成的：不，占了 1/3；可能，占了 2/3。所以说只要我们敢于把"不"去掉，万事都皆有可能。不要让懦弱去培养贫穷的习惯，想为天下富就必须敢为天下先，要想改变贫穷的习惯，就必须先要去改掉懦弱的习惯。

行动：改变穷思维

6. 尽力而为不等于竭尽全力——为了成功要有拼命三郎的精神

竭尽全力就是有意识地逼出自己的潜在力量，逼迫自己使出浑身解数，即使只有百分之零点一的希望也要付出百分之百的努力，让看似绝不可能的事情变成绝对可能。

有一位父亲开车带着儿子去野外游玩，他们路上翻了车，儿子被压在车底的泥潭里，父亲不顾自己受伤，赶紧下来绕到车前，迅速抬起车让儿子爬了出来，儿子竟然只受了点皮外伤。当休息好后，父亲像刚才那样再去抬这辆车，发现车丝毫抬不动。原来，他在儿子危急的情况下，使出了浑身的潜能，使儿子得救，而现在，这样的潜能找不出来了。

有一个猎人带着猎狗上山打猎，发现了一只兔子便向兔子开枪了，但却没有把兔子打死只打中了一条腿，于是，猎人让猎狗去追，但结果还是被兔子跑掉了。

当这只受了伤的兔子跑回洞穴后，别的兔子就好奇地问："你真了不起，被打断了一条腿还能从猎狗的追赶下逃走，你是怎么做到的呢？"

兔子此时还心有余悸地说："其实我也没有什么特殊的本领，只是为了活命而在拼命地奔跑，猎狗没有追上我，回去后最多被主人骂上一句'连只三条腿的兔子都追不上，你这个废物'；而我呢，一旦被猎狗追上了就没命了。所以说猎狗是为了应付差事去尽力而为，而我却是为了活命在竭尽全力。"

第5节　和时间赛跑，永远要比别人快

> 走在市场前沿，做别人还没有来得及想到的事情。只有先发制人，才能先富于人！

成功：像鱼渴望水，人渴望氧气

在培训课程中，我经常和我的学生提到这样的话："成功就要像鱼渴望水、人渴望氧气一样迫切！除了要有一个迫切的心态外，还要有一个强大的执行力，什么事都不要随大流，要学会从思维中变通，正所谓穷则思变，变则必通！”

如何利用正确的变通成为一代市场霸主？纵观许多的失败，绝大多数都是由一个原因造成的：没有创新意识！

加油干＝和时间赛跑

市场潜在的危机就是善变，在这个善变的市场中首先不能以经验论英雄。经验，顾名思义，就是经过验证得出的结果。而在今天这个多变的市场中只有创新才有出路，既然是创新就不可能经过验证，只有"摸着石头过河"寻找方法，在一步步精确的变通中得到一个自我的模式。在这个自我模式中你会发现：不是对的就是可行的，而是可行的才是对的。

我有一个朋友是一家报社的记者，由于他厌倦了打工的生涯，就东借西凑了5万元开了一家棋牌茶艺社，虽然他很努力想经营好，但是几个月后还是被迫停业了。

在一次偶遇中他向我说起了这件事，我于是就问他：
"你为什么要选择这个行业？"他说他看到好多的棋牌
茶艺社都挺赚钱的，所以也想试试，结果运气不好，赔了。
我又问他知道不知道在这个城市里有多少棋牌茶艺社？他
说："大大小小应该有上千家。"后来我给他做了分析：

做生意不能抱着试试看的态度，你在试这个行业的
可行度时，这个市场同时也在试你分析问题的精确度。
棋牌茶艺社早在几年前就已经风行，每个行业都有固定
的消费人群，蛋糕就这么大，分的人越多，吃到的就越少，
这是个必然的现象。当一个行业等于或大于自己固定的
消费群体时，就意味着市场的饱和状态。

从中总结出市场经济的游戏规则就是：无论哪个行
业，只有抢先占领者才是真正的财富拥有者。金牌只给
最快的人，你稍微慢一点只能得银牌或铜牌，其含金
量就大打折扣，而后面的跟风者，连个奖牌都拿不到，
市场规律就是如此。

1644年清军入主中原时，努尔哈赤就是执行了快入

主、早统一的决策才奠定了清王朝的数百年基业。商场如战场，古人尚懂此道，我们是不是更应该深思？永远不要把成败归结于命运。变通的每一个步骤都是市场的剥蜕过程，当在变通过程中出现了瓶颈时，要冷静地整理一下自己的思维：

1. 审视每个环节是否偏离了市场的轨道？如果是，请马上修正；如果不是，请用正确的方法继续坚持。

2. 想想每个运行方案是否迎合了市场的需要？如果是，请用正确的方法继续坚持；如果不是，请马上修正。

变通是纽带，成功是习惯

所有的问题都是在不断的思考中得到解决的。

完善自己，修正盲区。变通可分为：先知先觉、后知后觉和不知不觉。先知先觉就是当别人还在沉睡的时候，你敢于涉足未知的领域，你就先成功一步，并且成为领潮者。

比尔·盖茨的成功主要依托于他超前的思维和正确的判断力，锁定了市场 20 年后的必然走向。

在 20 世纪 70 年代，当电脑网络还在市场经济中沉睡时，有谁敢想到当时有五六吨重，可以摆放整整一个房间的电脑能在以后普及到每个家庭，更不敢去想能发展到手提式的笔记本电脑了。但是，当时的比尔·盖茨通过电脑的用途就断定了电脑将会普及到每家每户的时代必定会到来，于是大胆地做起了电脑软件生意。事实告诉我们，比尔·盖茨的决断是正确的，20 年后他就取得了非凡的成就，多年蝉联世界首富。

如果我们可以穿越时光隧道，把时间倒退到 20 世纪 70 年代。有一个名字叫比尔·盖茨的年轻人和你谈电脑软件生意，你敢和他合作吗？不敢！可是今天他成功了。

成功后的比尔·盖茨在总结自己的成功经验时说了

这样一段话：想别人不敢想的，做别人不敢做的，成功前别人把你看成疯子，成功后别人把你看成金子！

比尔·盖茨的成功在于他敢于做第一个吃螃蟹的人。只有敢为天下先，才能先为天下富呀！

后知后觉就是当别人正在做的时候，你能够迎头赶上。虽然你慢了一点，但是勤能补拙，跑不了第一，你就紧跟第一，做好你的老二，甚至老三。

几十年来，美国饮料市场一直是可口可乐的天下，后来百事可乐诞生与可口可乐平分秋色，紧接着，七喜汽水以"非可乐"的定位策略，又像一匹黑马杀入美国饮料市场雄踞第三，形成了三分天下的局面。这三个饮料巨头都在各显其能地扩大着自己的领地，同时越来越多的饮料品牌也涌入了美国市场，每个生产商都想来分一杯羹，利润空间自然多次减半。

不知不觉就是当别人都在放弃的时候，你仍然沉迷其中，这就是温水煮青蛙了，等待慢慢死亡。

美国安利公司现在可谓家喻户晓、人人皆知，而在前期绝大多数人都抱着拒绝、排斥的态度，把它看作是一种"骗人的勾当"，只有极少一部分先天下富而富的人，以睿智的眼光握住了这个先机，所以一段时间内产生了无数颗钻石。

而近几年却几乎没有听说过产生了几颗新的钻石，很多高级别的经销商都另谋他业，寻求新的发展。而那些中、低级别的经销商还在自掏腰包、喊着口号，他们是不知不觉者。结果如何呢？自然成了一个透明的问号，这一点就充分地证实了时机切入的重要性。

在变通过程中永远不要去仿效别人的做法，你只需把别人的成功看作是对自己的一种激励，让这种激励时刻告诉自己："别人可以，我也可以！"要变通就要从"根"部变通，变通出一个真正的自我，把成功看作是一种习惯。

爱德华·德·博诺是一个闻名全球的思维学家，被称为"创新思维学之父"。他最著名的创新思维理论就是水平思维法，用水平思维法去考虑另外的可行性，做多方面推理，这是一种养成成功习惯的最好方式。

第二章

找到通往财富的捷径——闷声干

通往财富的暗道，往往都无法从正面进入，只有找到它设置的捷径——闷声干，才能让销售的"第三只眼睛"锁定市场走向，以另类思维占领行业的制高点！

第 1 节　要敢和别人"唱反调"

我有我主张，不管别人怎么想，成功就需要和别人不一样！

不趋同是一种可贵品质

成功经营的黄金法则，就是要敢于背其道而行，具有独特的市场渗透能力，以垄断式思维模式占领永远的制高点。

让我们来看看美国西南航空公司在遭受 20 世纪 90

年代金融风暴后，是怎样做的。

美国航空业在 1990 年至 1992 年遭遇了前所未有的经济危机，连续亏损不止。其中 1992 年的亏损就高达 20 亿美元。三个较具规模的公司：美国大陆航空公司、美国西部航空公司和环球航空公司相继倒闭，其他的航空公司也是惨淡经营。但令人惊讶的是，美国西南航空公司却挺住了，通过独树一帜的改革，利润率和增长率都好得出奇，仅 1992 年的营业额就增长了 25%，这家规模不大的公司成功的奥秘在哪里呢？

据有关人士分析后，得出的是一个让其他竞争对手都无法效仿的背道式销售攻略。

相对来说，在美国，航空业已是利润不高的行业，要想在这个寸土寸金的国度里立于不败，必须从许多细节方面着手。

美国西南航空公司大胆地采取了一系列耐人寻味的措施，如飞机飞行时不向乘客提供正餐，只提供花生与饮料；不对号入座，想选择好的座位就必须抓紧时间登机，从而将登机时间降到最低限度；公司不提供集中的订票服务，也不办理行李的转运，不提供长途运输，这样做使得西南航空公司 70% 的飞机滞留机场的时间只有 15 分钟，而普通客机需要一两个小时，对于短途而言，一两个小时就意味着多飞了一个来回。

从表面上看，这些措施好像是降低了服务质量，会令顾客避而远之，但实质上服务质量越高就意味着成本的攀升。反之，如果适当的牺牲服务质量而使成本大幅度下降，又会导致什么样的结果呢？实际情况是，虽然西南航空公司的措施令顾客感到有些不快，但由于它的价格确实便宜，再加上西南航空公司大部分为短途航班，所以消费者还是乐于做出让步的。

西南航空公司总经理凯勒赫形容自己的背道式策略时说："我们不是和飞机比赛，和我们竞争的是汽车。我们制定票价要针对福特、通用、尼桑、丰田这样的汽车制造商，公路早就有了，但那是在地上，而我们今天是把高速公路搬到了飞机上。"

虽然西南航空公司的服务水平与其他航空公司相比较有所下降，但它并不低于汽车运输公司，而票价却与它们相差无几。用坐汽车的费用去乘飞机，对消费者来说诱惑力是可想而知的。

西南航空公司为了降低成本还采用了另外一些让人大跌眼镜的措施，如只选择波音 737 这一种型号的飞机，这使得人员培训、维修、保管的费用都能下降。

又如，让空中小姐和飞行员都参加飞机的清洁工作，这无疑减少了一部分的雇员，降低了人员的使用成本，却让空中小姐和飞行员产生了一种安全感和对公司的忠诚度。这是因为，当公司运行良好时不去大量聘用新员工，而是尽量地发挥老员工的潜在能力。这样一来，当公司遇到挫折时也不会大量裁员，从而使得员工产生了稳定感。

创新则进，固守思维只能自捆手脚

西南航空公司的背道攻势让竞争对手无可奈何，尤其是那些飞机型号齐全、长短途航班齐备的大公司更是无法效仿，它们只能眼睁睁地看着西南航空公司从自己手里抢走大批的消费者。

西南航空公司之所以能在巨大的经济风暴中不退反进，就是强制性地从思维中改变一种常态的习惯，当市场的重心偏离时，扮演了一个背其道而行的角色来重新给自己一个可行性的定位。

敢于背道而驰，与对手唱反调，以一种冷静的思维去总结商道的核心，找准自己的定位，问问"我"是属于哪一种境界的潜在商人。

著名的成功学家、思维学家吴甘霖先生将商人划分为三种境界：第一种境界是"草商"——虽然文化水平不高，但富有冒险精神，以"敢"为先；第二种境界是"儒商"——用知识武装自己，以"礼"为先；第三种境界是"哲商"——哲人和商人的结合体，以"情"为先。

吴甘霖教授可谓是总结出了天下所有商人的全部精神，每个境界的商人都用其独到的核心理念去经营。但是我们今天要做一个超越性的群体，不仅仅局限于其一的满足，要让三种境界相结合，来凝聚一种更伟大、更神奇的精神力量。

也正如美国行为学博士魏特利的一句名言所说：最伟大的力量不是统御别人或掌握财富，而是要控制头脑的思维过程，这是一切力量的起源！

你曾经在哪件事上跟别人唱反调，结果如何，你思考过吗？唱了反调，你自己能干吗？

第 2 节　简单的思维＋疯子的行为

> 做就要与众不同，当别人都在议论纷纷，说你是"神经病"的时候，证明你就要成功了！

座右铭：闷声闷气干大事

在日常生活中，总有一些人在做事的过程中瞻前顾后、患得患失，把一些简单的事情复杂化。又是研究，又是分析，因为顾虑太多，导致了错失良机，追悔莫及。其实，找到通往财富的捷径并没有那么复杂，思考的方式简单些、做事果敢些，少一些顾虑，多一些坚定，以简单的思维方式干就行了。简单的思维是一种智慧，是每一个渴望成功的人必不可少的智慧。依靠"简单"思维成功的途径，美国著名企业家在给员工的培训课程上也常常提到：或者要将思考的范围触及每一个可以想象的空间里，或者就是以"简单"的方式进行！

　　无论是商业合作还是为人处世，以简单的思维方式来审视，很多时候会达到一个好的效果。

　　2013年我在河北邯郸注册了"邯郸市方天广告有限公司"，公交公司的广告媒体一直以来都占领着邯郸广告市场庞大的份额，也是许多客户首选的广告媒体。也就是说，谁能拿到公交公司的广告媒体代理权，谁就能在当地广告市场脱颖而出。也正因为如此，所以出现了公交公司的一个广告位，就会有几十家公司争相竞标的现象。但是，在竞标的过程中，很多公司处于患得患失的状态，或者是分析行情变化，或者是揣摩对方意图，甚至对方的一句话都要开会讨论几个小时，看着似乎很忙，就是没有实际的行动。把一个简单的事情，弄得复杂到让自己害怕的地步。

而方天广告公司的做法很简单，要想拿到代理权，就要用钱买，先付款，后签约，不要顾虑太多。就是因为这一简单的思维，当其他公司还在观望、商榷时，方天广告公司已经将代理权收入囊中了。

少说话、多办事，闷声闷气干大事！用简单的思维方式取胜，有些事想法越简单越容易成功。

你不是不敢想，而是不敢干

有一次爱迪生问他的助手："你早上在做什么？"他的助手说："做实验！"爱迪生又问："那上午呢？"助手又说："做实验！"爱迪生继续问道："那下午和晚上呢？"助手还是回答："做实验！"

按说这么勤奋的助手爱迪生应该感到高兴才对，可是爱迪生非但没有高兴，反而还非常气愤地责问："你所有的时间都用来做实验了，那请问你什么时间是用来思考的？"

他的助手很不服气地说："我这么勤奋地工作，你不但不表扬我反而来责骂我。"

爱迪生听完助手的抱怨后拿出一个电灯泡，递给了他说："请你帮我量出它的体积。"

助手接过电灯泡上下左右、翻来覆去地忙了一整天，还是无法得知它的体积，最后不得不来向爱迪生请教。爱迪生告诉他："你就是个不会思考的机器。把灯泡灌满水，然后再把水倒入一个可以被盛满的容器里，这个容器的体积就是灯泡的体积。"

由此可见，思考也要讲究一个"质量"的问题，将思考的质量升华到一个更高的境界：把直面思考过渡到换位思考、越位思考、逆向思考和纵横思考，这个境界被称为"高质量渗透性思考"。

只有进入这个"高质量渗透性思考"的境界中才能让我们产生一种巨大的灵感，这种灵感就是销售的"第三只眼睛"。

该如何利用这个"第三只眼睛"去感知未知的市场空白，创造巨额的财富呢？

很多的商机都是在自己切身感受中"悟"出来的，这个悟就是——"第三只眼睛"。突然间一闪念的灵光可能是天方夜谭，也可能是离经叛道，但是只要敢于涉足、敢于尝试就有可能创造巨大财富。

有很多人都听说过把梳子卖给和尚的故事，而我现在要讲的是一个把卫生巾卖给男人的故事。看看一个四川的小伙子是如何从卫生巾中寻找商机再把它卖给男人，然后通过两年的时间赚取了100万人民币的！

提到卫生巾，世人都知道那只是女人的专用品。然而，在非洲苏丹，有一个跟着老乡去做建筑工人的中国小伙子却突发奇想，要把卫生巾卖给男建筑工人使用，来靠此发财！

说到这里，可能很多人都为之咋舌，感到不可思议，简直是荒谬极了，但是四川的任建国真的做到了。

任建国是四川省的一个农民，2003 年高考落榜后，他进入了镇上的一家玻璃厂打工，由于工作时间较长而工资却极低，所以他每天都在梦想着赚更多的钱。

2005 年，他通过劳务输出公司和二十多个老乡一起到了非洲的苏丹，被安排在市郊一个建筑工地干活。

由于当地的气候异常潮湿、炎热，常年高温，所以在工地上干活就只能穿一条短裤，可还是汗流不止。

一天晚上，任建国感到自己的生殖器瘙痛难忍！他就悄悄地告诉了同村的老乡，没想到老乡和其他人也都有同样的感觉。

原来，他们因为上班时间只穿短裤，身上不可避免地会沾满灰浆、水泥和沙子，这些碱性物质混合着汗水流到下身，又加上长时间不停地活动摩擦，就造成了下身皮肤红肿、疼痛。经任建国了解，这里的建筑工人都因此或轻或重地患有外生殖器方面的疾病！

怎样才能保护外生殖器的健康呢？一些工友曾经尝试过很多的方法，但都无济于事。

一天，电视上一则卫生巾的广告触发了任建国的灵感：女人用卫生巾是生理需求，同时又能起到保护外生殖器的作用。然后，他又联想到自己的痛苦，可不可以通过卫生巾来缓解呢？如果这样真能解除自己和大家的痛苦，那我不就可以趁势在这里做卫生巾生意，岂不比做小工要强……对！把卫生巾卖给男人！

正是这一大胆而荒唐的决定让任建国从此改变了人生！

随后，他经考查了解到，附近都是刚刚开发的大型企业的建筑工地，工人多，又都是男人，他就在想这些工人肯定都有和自己同样的苦恼；况且，工地离市区较远，工地上的小卖部也都是只卖男人的日用品，卫生巾在这里压根儿就见不到。因此，他觉得在这里卖卫生巾肯定有很大的潜在市场！这就更加坚定了他把卫生巾卖给男人的决心。

所有的成功都是在别人的嘲笑中开始、排斥中进行、喝彩中结束的，任建国自然也不例外。

他的举动马上引来别人的反对，被别人看作是变态的行为，他顶住了一次次的嘲笑和议论。为了更好地适应市场，他让厂家设计了一种专供男人用的卫生巾。

从主动推销到免费试用，从免费试用到团体购买，任建国在克服了重重困难后，到 2005 年底，他一个月的收入就达到了 1.5 万元。

2006 年，他把市场扩展到其他的十多个建筑工地。

2007 年，任建国又在网络上发现一些喜欢参加户外运动的人，把登山、探险、露营、野餐和徒步旅行融为一体，这些人自称为"驴友"。他们因为长时间的登山、行走，以至于脚底出汗，可一般的鞋垫不但不能起到吸汗的作用，走路时间久了，鞋垫还会跑出来，行走十分不便。

有一次，任建国发现一个女"驴友"居然偷偷地把卫生巾用来当鞋垫，因为它既吸汗又除臭，还能起到固定的效果，行走起来也很舒服。

这一发现让任建国又握住了一个商机：卫生巾既然可以被女"驴友"用来做鞋垫，那么从功能的角度上来说其也可以被男"驴友"用来做鞋垫。

于是，在任建国的经营项目中又多了一款产品：男式卫生巾鞋垫。

就这样，任建国靠卖男式卫生巾在两年多的时间里，赚了将近 100 万元人民币，这一年他才 22 岁。

任建国夸张离奇的背道式成功，除了胆魄以外也取决于他单纯的智慧，没有去想太多。机缘与风险同在，当机会在稍纵之间，看穿了、想到了、握住了，就要马上行动，不要去顾虑太多的得失。越顾虑就越恐慌，越恐慌就越惧怕，当被惧怕的影子完全笼罩的时候，就不得不将这个本应该属于自己的财富放弃。

所有的贫穷都是在恐惧中产生的，要想握住机遇，就必须战胜恐惧，用单纯的思维智慧，以直线的方式将其进行到底！

成大事者，不要去想得太多，只要认为是可行的，就马上去做，不管别人怎么说。

正所谓敢想敢做，才能突破！克服贫穷的习惯、运用单纯的智慧，做市场带头兵，行背道无限大。

傻瓜就是：简单想，勇敢干

在瞬息万变的市场规律中，永远是敢想敢做、才能突出的先知先觉者才能先得，至于那些后知后觉者和不知不觉者，只能望洋兴叹。

由此看来，高质量的渗透性思考的这只眼睛不能仅仅盯在销售中，同时也需要将投资、管理等必备的商业链接尽收眼底。

常格不破，机遇难得！不按套路出牌，往往能先抓住商机。

第3节　经历就是最好的赚钱项目

人生有多少经历，就有多少赚钱项目。把平凡的经历做成超凡的生意，就会发现赚钱其实很简单！

所有买卖，出售的都是智慧

既然我们强调的是系统化的动态模式，首先就是要用高质量的渗透性思维方式进行决定性投资的选择，去选择性地投资。这其实就是要销售员对市场有一个认知的眼光，今天你所有的销售无论是成是败，都与对这个市场的认知有着决定性关系。

在我们身边不难发现这样一个群体，他们越来越多地苦恼于：该干点什么？

"该干点什么"，毋庸置疑地彰显了一种财富的思想动机。首先我们来分析一下"该干点什么"这句话，从销售的底部来说，这句话的概念很模糊，虽然说是想干点什么，但是却不知道该去干什么，从何干起，要做到一个什么样的精确结果。

"该干点什么"的人在急于膨胀的迷乱下，不能理性地选择投资，而是在市场透明的趋势中被困。

高质量的渗透性思维销售，是面面俱到、无处不在的，只有得心应手地操盘市场，适应市场，才能成为投资销售的大赢家。

信息不是守株待兔，而是寻找、捕捉

美国著名的投资大王沃伦·巴菲特曾说过，不要把投资看得那么简单，只有把销售的火种撒向市场的患处，市场才能为之震撼!

从沃伦·巴菲特的这句话中让我也想到了同样一个伟大的人物——美国著名的智慧拍卖大师卡塞尔的一句超级经典的话:"生意场上,无论买卖大小,出售的都是智慧。"

市场的善变是无可厚非的,曾经的经济发展过渡期为每10年就会有一些配合时代的伟大产物出现。而今天却不同,在效率制胜的今天,每一次伟大产物的出现只需要3年,甚至更短。

但无论市场怎样快速地变,配合这个时代的新生亮点必定要出现,如何将这个新生亮点收于囊中?首先就是认知,用正确的渠道去捕捉这个亮点;其次是经营,用理性的方法来经营这个亮点。

可能到现在还会有很多的人在问:"有没有一个精确的定义,究竟该如何去正确地选择投资及销售呢?去哪里寻找这个市场的亮点呢?"

其实这并不难,在市场的变化中只要你善于运用"用"和"细"的心境,就会发现有一个运行规律是永远不变的!

这个运行规律是:要通;要早;要少;要顺;要宜;要感知!

> 1. 要通,即信息的灵通,及时把握有利时机。一个成功的投资必须广开言路,将采集信息的范围触及每个可以想象的空间。只有开通了信息的活力,才能凌驾于市场之上,超越到自我以外。

下面一个经典的成功案例,足以证明信息是掌握市场动态的主要窗口。

保健饮料健力宝在市场上的崛起,首先是由于它有着特定的市场需求。当时,由于改革开放,人民的生活水平有了很大的提高,我国的保健饮料市场开始形成,保健品的需求正在成为热点。健力宝作为一种碱性电解饮料,有利于中和体内酸素,能消除运动后的疲劳感。这种电解饮料在国外早已生产,但由于口味不佳,运动员都不愿意喝。广东健力宝厂集中力量攻关，经过多次试验，改进了配方，终于使饮料的口味得到了改善，具备了畅销的条件。但是，作为一种新产品，健力宝如何让人们迅速认可和接受？这让厂方伤透了脑筋。

不久，健力宝的李厂长从广东省体委获得一条消息，亚洲足联将在广州白天鹅宾馆举行会议。这一消息立刻在李厂长的脑海中翻腾开来，如果能抓住这个不可多得的机会，让全世界都知道"健力宝"这一新型保健饮料，何愁市场打不开？

经过一番紧张的忙碌，健力宝易拉罐终于适时地出现在亚洲足联的会议桌上，并且受到了与会者的赞誉，而且有些外宾还将未喝完的健力宝也带走了。

不久，三万箱罐装健力宝随中国体育健儿运抵美国洛杉矶奥运会。当中美女排进行冠军决赛时，日本一位记者注意到，每当暂停时，中国女排队员不喝可口可乐，而是在喝健力宝，这位记者立即给《东京新闻》社发回一条独家新闻：《中国靠"魔水"加快出击》。

与此同时，奥林匹克科学大会在美国俄勒冈州尤金市举行。会上，中国科学家宣读了题为《吸氧配合口服电解饮料"健力宝"消除运动性疲劳》的学术论文，引起了各国运动科学家的注意。

记者的观察与科学家的论说同时出现在奥运会期间，产生了轰动效应。就这样，刚刚试制成功的饮料，当年就成为畅销产品。

天上掉馅饼，还是要早起

健力宝的一举成名，完全得益于善于捕捉信息。在产品刚试制完成尚未装罐的困境中，求助他人紧急装罐，争取时间将健力宝送到亚洲足联的会议桌上，在最适宜的场合进行最适宜的销售。健力宝随中国健儿出征美国洛杉矶奥运会，正是时机策略在更广阔舞台上的成功运用。使得健力宝不仅风光一时，而且畅销不衰，成为谋略制胜的成功典范。

从健力宝的成功案例中，我们可以看到，只要善于捕捉机会，迅速出击，就能使之成为一个成功销售的渠道。

> **2. 要早，就是要先人一步，抢在别人前面。在成功销售的投资中，除了善于发现、善于捕捉外，还要强调一个"早"字。**

所有事物的生命规律都必定要经过五个阶段：萌芽期—生长期—成熟期—衰退期—死亡期。市场的炒作就好像投资期货，必须在黄金交叉时买进，在死亡交叉前卖出，作为一个成功的投资者一定要具备一个预判市场的能力。

一定要选择一个比较早的行业。正因为早，你才能成为这个市场的引导者，当别人还故步自封地蜷缩在冬天的未知时，你要敢于做锁定春光的第一人。

在这个切入点上，江西 26 岁的女孩伍琪珊可谓是个成功的典范。她在大胆创新上，就是快人一步地引领了一个行业的龙头，让她在短时间内与财富进行了一次零距离的接触。

2006 年一次偶然的机会，伍琪珊从网上看到，英国有个叫阿莱克斯的年轻人，在互联网上建了一个"百万首页"的网站，然后画了 1 万个格子，声称每个格子要卖 100 美元。没想到，短短两个月，他就赚了 42.8 万美元。

看到这个消息后，伍琪珊突发奇想：阿莱克斯在网上卖格子可以赚钱，如果自己开一家实体店铺，将店铺也分成一小格一小格的，出租给别人做生意，不也能赚钱吗？想到这里，伍琪珊高兴地跳了起来——自己也许会成为中国的"阿莱克斯"呢！

她觉得"格子店"主要的出租对象应该是那些没钱却又想创业当老板的人。而这类人应该以在外打工的年轻人居多，他们往往喜欢卖一些流行、另类、有创意的东西。因此，店铺的选址必须在年轻人集中的地方。

说干就干，经过一个多月的忙碌，她终于在广州市人民中路找到了一间 10 多平方米的店铺，以 1500 元租了下来。

门面租下来后，伍琪珊开始装修。她首先将店铺的三面墙分别用钢化玻璃装修成货柜格，每格又被隔成大小不一的格子，每个格子还用玻璃门锁住。三面墙总共有 120 个格子，最小的体积是 30 厘米 ×40 厘米 ×10 厘米的，最大的体积也仅 60 厘米 ×40 厘米 ×50 厘米。然后，她又根据每个格子的体积大小和方位不同，来决定出租价格。比如，最小的一个格子，定价每月 99 元；而大一点的、正对门或靠路边的格子，由于能让顾客一眼看到，所以价格高些，月租分别为 188 元、228 元和 268 元不等。

就是这些小格子，让伍琪珊在不到一年的时间里每个月都能稳赚 1 万元。

时势造英雄，高瞻远瞩成英雄

继伍琪珊以后，广州、上海等地的格子店迅速地多了起来，虽然其中的利润空间还是很大，但无论从名气和收入上都无法代替伍琪珊在这个行业上的领先地位。

不仅仅是格子店，无论哪个行业，你都会发现引领市场、八面威风的总是最早的那拨人，而尾随其后的只能是在市场的浪潮中剥其小份、疲于奔命。

犹太人有一句谚语：只有早起的人，才能捡到金子。印证了中国的谚语：早起的鸟儿有虫吃。

3. 要少，成功的销售和投资在于：要敢去做一个另类群体。市场经济的发展趋势是无论在什么时候，都是少数人拥有着大量的财富，这也证实市场经济的财富拥有化的 80/20 定律。

全球闻名的创新思维学家爱德华·德·博诺说过，要学会用思维去投资。选择一个在时代发展中比较少的行业去投资，就要与前面提到的"早"同步进行。

19 世纪中叶，美国加利福尼亚州兴起了淘金热，淘金的人蜂拥而至。有些人发财了，但也有很多人血本无归。有个叫亚默尔的年轻人，本来也是来淘金的，但一个偶然的机会使他发现：在这里要喝到水很困难。独具慧眼的他，立即意识到这是一个很大的商机，于是，他没有再随波逐流地去淘金，而是转向了一个无人重视的生意，做起卖凉水的买卖来。

刚开始做的时候，有人嘲笑他说："千里迢迢来到这里，不抱西瓜却捡芝麻，真是可笑至极。"但他不为所动，最后靠着卖水，在很短的时间内就赚到了6000美元。当不少的淘金者还在挨饿的时候，他已经完成了原始资本的积累。后来，他成了美国有名的商业巨子。

亚默尔的制胜，就是选择了用另类思维去投资。

无独有偶，"二战"后，美国很多的地方都需要重建，建筑业就发展起来了，砖瓦工开始走俏，价码看涨，这对许多失业的人来说，是个难得的好机会！

一贫如洗的迈克，懂得一点儿砖瓦手艺，为了生计从小镇来到大城市芝加哥。他也看到了这些招聘广告。但是，他并不是高兴地跑去做砖瓦工，而是同样在报纸上刊登了一个广告：你也能做砖瓦工！

他租了一间店铺，请来了一位师傅，买来1500块砖，自己铲来一堆沙子，就开始做砖瓦工的培训业务。

许多工人蜂拥而至，出高价来接受培训。结果，迈克一点儿苦都没有吃，10天就赚了3000美元的纯利润，而这些钱则相当于一个砖瓦工200天的收入！

所以说无论在什么时候，都必须要选择一个竞争"少"的行业，正因为竞争对手相对较少，利润空间也就自然宽广。

有这么一批人，在一些没有先人足迹的未知领域里，掘起了人生一座又一座的金矿。

行业的利润空间就犹如一块儿蛋糕，你是选择尽份独享呢？还是选择瓜分其一呢？或是选择望其垂涎呢？

选择一个少的行业需要的是一种胆魄和智慧，因为少所以没有可比性，运作起来也自然有很多的困难，完全靠的是一种感觉和自信。

而选择一个绝无仅有、独一无二的行业更需要有一种磅礴的勇气和坚定的信念，在一个未知的领域里跌打滚爬，没有丝毫的光明可以借助，其中的滋味是可想而知的。

> 4. 要顺，一个高质量的渗透性思维的投资，一定要顺天应人，只有顺应了时代的步伐，才能被市场所认可和接受。

一个时代伟大产物的成功，必定是应运而生的！顺应时代的产物，必将是财富的统御！

回头看看在市场经济的历史长河里，有很多的行业在发展过程中被逐渐淘汰。诸如，20世纪80年代以前曾经盛行一时的街头杂耍——把戏，随着市场滚滚的浪头被人们所遗忘。而如今，为了顺应时代所需，在原来街头杂耍的基础上，应运而生了一个新的行业——杂技。

再譬如，在中国的文明历史中，几千年来象征着尊贵和财富的交通工具——马车和花轿，也在市场发展的过程中被淘汰出局。自然车夫和轿夫也就无法生存了，而在市场完全依赖于经济的今天，司机则顺应了时代，走俏于市场。

还有很多的行业，如媒婆、渔夫、货郎等都是无法顺应现在的市场而被社会发展所抛弃。与其相对应，网络征婚和婚庆公司应运而生，专业养殖户产生，快递和物流行业大行其道。

如果说在高科技的今天，你仍然把黑白电视机拿出来卖，有人要吗？它的存在已经无法顺应市场，无法满足消费者的心理，所以把黑白电视机拿出来卖是不可行的，那么取而代之的则是彩电、背投、数码、液晶，等等！更能说明问题的是，十多年前 BP 机是有钱人和商务人士的成功象征，而 BP 机存在的时间也就十来年，然后销声匿迹，彻底被手机取代了。

一个成功的投资与销售必须要符合市场发展的规律，才能起到震撼性的效果。

2004 年我曾就职于河南神龙好益科贸有限公司。神龙好益公司自 2004 年创立以来，就首推以"罗布麻"保健系列为主导产品。这家公司为什么要选择罗布麻呢？

当时神龙好益公司的决策层经过对市场的渗透性思考后，发现保健品是目前市场的新生宠儿，又一个财富的冲击波，而在保健品市场中，保健食品一直统御着天下，如果要在琳琅满目、品牌众多的保健食品中挤出一片市场，难度是可想而知的，怎么办？

神龙好益公司又经过一番高质量的渗透性思考，对保健食品进行了一系列优点和缺点的对比。

保健食品的优点是：

第一，易吸收，渗透力快。

第二，产品齐全，消费者便于购买。

保健食品的缺点是：

第一，需要长期服用，消费者就必须定时地花钱购买，费用高。

第二，有保质期，限制了消费者的服用时期，如果在保质期内没有用完，过期就等于浪费。

第三，要限时定量，如果消费者一旦因为某些特殊情况不能按时服用，怎么办？是不是保健功能就达不到完全的效果呢？

第四，在市场上有很多的保健食品，在服用时必须有水，也就是说，保健食品和饮用水要随时随身携带。如果遇到了特殊情况，比如：不在家的时候，怎么办？会不会给消费者带来不便？

经过系列思考后，否定了保健食品的可行性，既然保健食品的诸多缺点不利于市场消费，那么，有什么更好的办法去改变这一现状呢？

如果按照一个常人的思维习惯去考虑的话，只会把思考的角度固定在如何改变保健食品的这些缺点上，而神龙好益公司的决策层正是运用了高质量的渗透性思考方式，进行了一次大的越位：把从保健食品的定位上转移到保健服饰上。

在当时的保健品市场中，保健服饰还处于空白，竞争对手只有"中脉"和"塞远"两家，但是以罗布麻为主导的保健服饰，却只有神龙好益。而且，保健服饰足可以填补保健食品的诸多缺陷，加上罗布麻的神奇功效，市场潜力无限！

神龙好益公司由此毅然决然地将罗布麻保健服饰作

为主导产品，产品出来后，下一步面临的问题就是该怎样快速地销售，用什么销售模式呢？

当时的国内外市场正处于"体验消费"阶段，经过层层筛选后得出结论：直销业正走向一个新纪元，也就意味着在元年到来之前，直销，将是一个朝阳行业。而元年以后的直销业极有可能会衰退，如果要想快速地抢占市场，直销无疑是唯一的出路。

初步认定，神龙好益公司的一切决策都是对的，及时迎合了市场的需求。仅在2004~2005年的一年中，公司的营业额就一翻再翻，公司的规模也随着营业额的上涨而扩大了两倍还多。

野心博大，还得量力

似乎一切的市场变化，都尽在神龙好益公司的意料之中。2005年后半年，由于受到了大趋势的影响，很多的直销公司都陷入了一个世纪性困境，就连直销业界的龙头老大哥安利、天狮在内的一些国内外大型企业也被迫转型。

而早在安利、天狮等这些国内外大型企业转型之前，神龙好益公司已经易名为"河南开心国际有限公司"，当这些直销业界的龙头企业还迷惘于今后的路该怎么走的时候，开心国际公司再一次先声夺人地叩响了市场的又一道大门。公司总裁刘克明这时已经感觉到"返利消费"的时期已经悄然而至了，只是，在目前的国内市场上，还没有一家公司可以把返利消费系统化地运作起来，但可以肯定，返利消费的时代必将到来。

开心国际公司的这次重大创措，将中国的返利经济从单层次带到了多层次领域。

事实证明，河南开心国际公司是完全正确的，公司总裁刘克明也由此一举成为后来返利经济时代的创始人。

河南开心国际公司能够及时迎合市场的需求，快速地转换销售策略，准确无误地掌握市场动态，就是完全运用了高质量的渗透性思考方式，而再次赢得了天下。仅 2006 年短短的半年时间，公司的销售人员就多达近十万，并成功地打开了国外市场。这一重量级的成功使得众多的同行业无不折服，纷纷效仿。

2005 年 12 月 1 日，随着国家商务部《直销管理条例》和《打击非法传销条例》的出台，中国直销业陷入了危机中，所有的直销人员都迷惘于路在何方？在这种大形势的影响下，所有的直销企业解决自身存亡的问题迫在眉睫，对于直销业来讲这是继 1998 年以后出现的第二次重大动荡。

是存、是亡，在如此动荡的局面中将谁主沉浮？

时势创造英雄，河南开心国际公司为什么能在这种巨大的动荡中独树一帜呢？

河南开心国际公司的总裁刘克明，就此说过一段非常精辟且耐人寻味的话："所有的危机背后都潜伏着更大的先机，市场的秉性是善变的，它唯一永恒不变的就是一个'变'字，你必须一只眼睛盯着市场，一只眼睛盯着消费者，还需要有第三只眼睛盯着我们的竞争对手和政策法规。"

> 5. 要宜，宜就是要有一个合理地认识自我的能力，即自知之明，在系统化的投资销售中要衡量自己的力量，可为则为，不可为则不为。纵然一个新生事物符合了上面所有提到的一切，同时也具备 N 多个诱惑你的理由，但事物的本身超越了自己的力量，也是不可为的。

都知道麦当劳的销售是成功的。1995 年石家庄有 12 个人，每人以数百万的人民币来争取麦当劳的经营权，但是经过长达 8 年的时间才有一人获得了审批。

当然，拥有千万资产的人比比皆是，在这里我要说明的是，并不是所有的行业都适合每一个人。在高质量渗透性的动态投资中，明确的定义只有一个：可行的不一定是对的，只有对的才是可行的！无论市场的潜力有多大，影响面有多广，关键的问题是"我"能不能干。

巨人集团总裁史玉柱曾检讨道："巨人的危机是我头脑发热的结果。巨人大厦最初设计高度为 38 层，后来将设计高度一提再提，目的是为珠海市争光，盖一座标志性大厦。当时广州想盖全国最高的楼，定在 63 层，我们要超过它，从 64 层加高到 70 层，是我一个人在一夜之间做出了错误的决定。"

史玉柱的失败就是没有"宜"于自我的力量！通俗点说就是不自量力，正是没有衡量自己的力量，脱离了实际的主见决策，最终拖累整个巨人集团轰然倒塌。

了解自己、确认自我，合理地驾驭野心，让一切操纵于股掌之中，去以小博大地创造一种神奇力量。

在这里湖北随州的刘云岚，可谓是一个典型的成功例子。让我们来看看她是怎样了解自我，去合理地驾驭野心，从而创造一个以小博大的神话的。

2004 年，24 岁的刘云岚进入广州一家大型电脑销售公司上班，在工作中她发现有很多的电脑故障都是由尘土引起的，只要用树胶清洁剂给电脑除尘、消毒就会正常运转。但是有很多的顾客不知道这些，以为是电脑的什么地方坏了，然后花大价钱去维修。

她还了解到给电脑保洁，在国内，还是一片空白市场！

知道这些后，刘云岚就开始着手做电脑清洁生意，由于得不到亲朋好友的支持，她只好借钱买来毛刷、清洁剂、消毒液等专业的保洁用品，装在一个皮箱里，做起了"流动保洁员"。

由于没钱，她只能到处奔走以散发名片的传统方式进行宣传。经过半个多月的努力，她总算做了几单业务，虽然业务很小，进账也很微薄，但是，却更加坚定了她的信心，证明自己的选择是对的。

在刘云岚的不断努力下，来找她的顾客越来越多，从过去零敲碎打抓散客，变为重点突破大客户，她的"电脑保洁俱乐部"名气不胫而走。

到2005年的后半年，她开始扩大经营领地，分别在广州的越秀、东山、天河等区，设立了10家连锁加盟店，仅加盟费，就创收4万元。

到2007年，她积聚的财富就已超过100万元。

刘云岚的成功，就是合理地驾驭了自己的野心，用自我的力量，从而去以小博大的。她当时选择做电脑保洁的生意时，首先做了如下分析：

市场前景：目前，中国电脑普及率为 6000 万台，平均每 20 人拥有一台，且以每年 500 万台的速度增长，电脑保洁项目，在国内尚属空白，每次收费 20~50 元，收益无法估计。

可行性：电脑清洗行业操作简单，技术门槛低，投入成本不高，特别适合小本创业者。投资电脑清洗行业除购置一些常规的清洁工具和清洗液外，只需了解一些电脑常用的硬件知识及其一些必备的保养技术。

投入资金：1000 元以内即可。

人生有风景，处处皆亮点

6. 要感知，感知就是从市场的侧面去寻找亮点，也就是高质量渗透性思考中的纵横思维方式。

"沿途有风景"是一种对市场潜伏的高境界预见，一个专业的投资销售人员，必须要学会从不同的角度去

"挖掘"更有价值的财富源泉。

有营销专家在研究商业的发展特征后说："市场侧面潜伏的价值远远高于想象之上，然而，它总是以障眼法来做包装。"

每一个事物的侧面价值都是丰富的资源，而对于这种资源的感知，就必须要将高质量渗透性的思考再进行一次轮回的定位。如果将这种再次轮回的定位做到完全精确的程度，必将会掀起一场成功销售的风暴。所以，只有投资感知，才能最终赢得天下。

就像人们给孩子买玩具，大多是选择像芭比娃娃那样漂亮的，有谁会买一个丑娃娃回去呢？但是，美国艾士隆公司生产的丑陋玩具同样也一炮打响了！

一天，艾士隆公司的董事长在郊外散步，看见一群乡下的孩子，在玩一只很脏的昆虫，竟然玩得很起劲。

于是，他就想，市面上的娃娃都以美丽为卖点，我能不能反过来，以丑为卖点呢？他就找来了设计师，要他们设计一系列丑陋玩具并推向市场！

没有想到，丑陋玩具一上市，就遭到了抢购，给艾士隆公司带来了很好的利益，其他公司也纷纷效仿。

一时间丑陋玩具纷纷出笼，在美国掀起了丑陋玩具的热潮，艾士隆公司一直荣登畅销排行榜。

艾士隆公司丑陋玩具的成功和刘云岚的电脑保洁一样，都具备了一个对市场的感知，从生活的侧面去挖掘市场的金矿。

所以，销售的卖点完全取决于你对市场的感知程度，在于你发现新的东西。"沿途有风景"是顶尖投资销售人员必须具备的潜力之一！

最后我想说，投资自己的经历，就是最好的赚钱项目！仔细回忆，那些你在与人谈论时激发出来的美好项目，还有你自己突发奇想的好点子，你去调查论证过它们的可行性吗？为什么不去实施呢？归结为一句话：我们不缺乏好点子，我们缺乏行动的力量和胆量！

第三章

与其等待机遇，不如创造机遇

如今一提到赚大钱似乎首先就会想到要去投资很多的钱，其实并不是这样的，大的投资并不一定能够赚到大钱，成功的关键是：我们要学会怎样在没有钱的情况下也能赚到大钱。善于把握市场发展的趋势，以"钻"的精神去发现事物本身以外的价值。

第 1 节　滚雪球，以小滚大

1000 元的投资创造出 1000 万元的财富，这才叫生意！会做生意的人不是用钱来赚钱的，而是用思维来赚钱的！

寻找突破口，从根部解决问题

一次在朋友的聚会上，其中有一个朋友和我说，他知道有一个生意绝对赚钱，问我有没有兴趣，我就问他做什么？他告诉我做教育事业，办学校。说什么投资 50

万元，三年之内就能赚到 200 万元。三年赚 200 万元，听起来确实诱人，但前提是需要投资的那 50 万元从哪里来？何为生意？所有人都能做的才叫生意，可问题是，50 万元的投资却不是人人都能拿出来的。做生意都讲究一个以极少的投入来换取巨大的回报，真正的生意就是用 1000 元的投资来换取 1000 万元的回报，用千元的投资来换取千万元的财富，第一步就是先要学会销售，明白销售的精髓。

"学会销售"听起来似乎有些故弄玄虚，但当你真正站在市场的角度去运作的时候，你真的会销售吗？

任何的市场都是在现实中形成格局，如果让这个市场因你而改变，只有从事物关联的范围以外，去探索它深度的空间。

每一次销售都是要有能力探索定式的框架，去发现市场隐形的财富，所有的成功无不是以迷雾封山、问题重重来作为起点。

作为一流的销售，必须具备解决问题的能力，如何将这些问题一一解决，达到销售的极限，去挖掘它隐形的财富呢?

现在,就让我们展开充分的深度思考去解决以下问题:

在一个经济建设落后、观念老旧的农村,人们还是习惯于日出而作、日落而息的生活方式。对于今天高科技发展的尖端事物,相对而言非常陌生,在闲暇之余没有任何现代化的娱乐活动,对于电脑更是一无所知。

也曾有一段时间,在相对比较繁华的地方出现了一个小型网吧,但由于人们对电脑的无知,再加上交通闭塞,没有多久这个小网吧就倒闭了。

如果今天你是这个网吧的经营者,在地理环境和社会环境不变的情况下,将该如何去改变这一现象,让网吧继续经营下去,而且日益兴隆呢?

面对这一问题,你可能会说:"这不可能,天时、地利、人和全不具备,怎么解决?"

首先,不要去考证事情的真实性,如果说定局确实如此,我们必须去解决,而不是企图逃避。那么就让我们用高质量渗透性的思考方式向深度去"钻",也许会有所转机。

所有问题的解决都要从"根"部入手，首先我们知道网吧倒闭的原因是由于交通闭塞、观念老旧，人们对电脑的用途一无所知。

既然是"无知"导致，就要从"无知"中寻找突破口。那么，该如何去解决"无知"这个问题呢？"无知"的前提肯定是信息迟缓和教育脱节。

既然教育也和网吧的倒闭有着很大的关联，又该如何去正确地解决这一隐形问题呢？

要想解决教育的问题，就必须开办课程。如果在村里开办课程，前期必须要有一个组织者，谁最有权威来做这个组织者呢？村委会！借用村委会的力量开办一个限时一个月免费的成人电脑培训班，同时教会他们基本操作，尤其是通过搜索一些有用的农村科技信息，在网上和出门在外的子女语聊、视频、看照片，让他们认识到电脑多么好，而且真的不是那么难学。

如此这般一来二去，不但网吧的生意好了起来，同时还在你的影响下带动了一方教育，尤其农村的孩子们很快会喜欢上电脑，通过电脑来扩大他们的知识和视野。

将问题逐步剥离、点点突破，去想更好的解决方法，销售的难题就更容易迎刃而解！

所以说第二步就是要学会怎样从"根部"去解决问题！

草饮料：没有不可能，只有你做不到

孙正义在制订人生 50 年规划时，他还是一个留学美国的大学生，为了改变贫穷，让自己富有起来，左思右想之后，他决定向松下学习，通过创造发明赚钱。于是，他逼迫自己不断地想各种点子。一段时间内，光他设想的各种发明和点子，就记录了整整 250 页。

最后，他选择了其中一种他认为最能产生效益的产品——多国语言翻译机。

但这时问题马上就出来了：他不是工程师，根本不懂怎么组装机子。但这难不住他，他向小型电脑领域的著名教授请教，向他们讲述自己的构想，请求他们的帮助。

大多数教授拒绝了他，但最后还是有一位叫摩萨的教授，答应帮助他，并为此成立了一个设计小组。

这时孙正义又面临着另一个问题：他手上没钱。

怎么办？这也难不倒他，他想办法征得了教授们的同意，并与他们签订合同：等到这项技术销售出去后，再付他们研究费用。

产品研发出来后，他到日本推销。夏普公司购买了这项专利，并委托他再开发具有法语、西班牙语等7种语言翻译功能的翻译机。这笔生意一共让他赚了整整100万美元。

这就是孙正义，他用渗透性的思维找到了市场的亮点，再把问题层层剥离，最后顺利地完成了他的人生梦想！

所有问题的外包装，看起来都好像非常坚硬，但是，只要找到它的脆弱点，切入下去，一切的问题都会不攻自破！这就需要有一个深度的思维。

发挥深度思维解决问题的能力，让一切"绝不可能"变成"绝对可能"！

不是所有的赚钱项目都需要巨大的投资，只要发现隐形市场，找准定位，将问题逐一解决，每个人都可以以小博大。

如果我说只投资 1500 元，通过 6 年的努力赚到 2000 万，你信吗？肯定不信！如果我再告诉你，这 2000 万的资产是靠"把草卖给人吃"换来的，你就更加不信了！

但是，这的的确确是一件真事，而且在国内知名励志类杂志《打工知音》曾刊载过。

2000 年，广东省湛江市 43 岁的谢勤，下岗后来到南京打工。几经周折，他应聘到一家生物制品厂做推销员。

每天很辛苦，可收入却少得可怜，有时甚至连吃饭都成问题。

由于日子过得很清苦，他经常在吃了晚饭后，到郊外的旷野上散步，来排解心中的苦闷。一次无意中，他随手折下一根草，放在嘴里嚼了起来，先是感觉味道有点苦，随后又品出了一丝甘甜。这时，他就忽然在想：要是能把这漫山遍野的野草卖给城里人吃，变成一堆堆的钞票，那该多好呀！

有了这一想法，谢勤就开始付诸行动了，首先他准备割点草，自己先食用。但是草的种类很多，还有好多是有毒的草，而自己又不会辨认。他就找来了一位老农，老农告诉他："凡是猪牛羊能吃的草，就都没有毒……"

根据老农的指点，他带了一些野草回去。但是遇到的第一个问题就是：他想把草卖给城里人吃，可怎么个卖法？就这样卖成捆的野草肯定是行不通的，那除此之外还有没有别的方法？在他想了很久之后，就开始尝试着把野草捣碎成草糊，可是，当他把捣碎的草糊放到嘴里后，才发现味道实在是太苦了，简直难以下咽，虽然加了好多的白糖，但还是不行，何况这些黏糊糊的草糊也不好看，看来这个办法还是行不通！

该怎么解决这个问题呢？谢勤想到了街头随处可见的甘蔗榨汁机，他觉得如果把青草榨成草汁，就比草糊"雅观"多了。于是，他花 300 多元买来了一台多功能榨汁机,开始试验着榨草汁喝。经过无数次的试验后,他终于恰到好处地掌握了草汁的榨取"技术"和放糖的比例。

他开始筹备卖草汁的事项。首先,卖东西得有个店铺,但谢勤手头只有1000多元钱,就连租店面的订金都不够!怎么办?又一个问题需要去解决,这时,谢勤想到了"挂靠"。他开始东奔西走地去和别的店面谈"挂靠",历经周转,谢勤终于与一家玩具店达成协议,以每个月400元的租金为挂靠费用。

就这样,谢勤的"食草店"就算开业了。

开业几天后,谢勤才知道,一切没有他想象中的那么简单。"让人吃草",很多人都接受不了这个观念,一连几天下来,谢勤连一杯草汁都没有卖出去,别说赚钱了,这样下去,就连租金都交不起了!

怎样才能走出现在的困境呢?又一个问题摆在谢勤面前,这些困难并没有让他退缩,他想到了有些社区的墙上画着防火防盗的漫画知识。于是,他就在想,我能不能也做成像这样的漫画,来宣传青草对人体健康的好处呢？这样一来，果然起到了效果，越来越多的人开始尝试着品尝草饮料的味道。

然而，一波未平一波又起，就在谢勤的草饮料刚刚开始销售的时候，防疫站的工作人员查封了他的榨汁机，告诉他，在检验报告没有出来之前，不允许他经营这种饮料……

几天后，卫生防疫部门出具了检验报告，证实了他的草饮料各项达标。这样一来，有了权威部门的检验报告再加上各大媒体的炒作，谢勤的草饮料立刻轰动了整个南京。

到2001年，谢勤不再寄人篱下，他以月租3000元的价格，租了一间50多平方米的店铺，还招聘了两个员工。想到了在室内种草，这样不但解决了去野外割草的麻烦，还解决了冬天没有草的困难。然后，他把消费市场推向学校，还专为学生量身定做了一系列的"团队消费卡"，到2003年底，他月盈利就达到了3万多元！

随着生意日益红火，到2005年，谢勤不但在南京各区开了10多家分店，还在扬州、镇江等5个城市开

了分店。2006 年，他在南京工商局注册成立了"草汁堂
植物食品有限公司"，然后，他又回到湛江老家投资开
办了全国第一家青草食品工厂。工厂开业后，他高薪聘
请了营养学和食品学专家一同开发更多的青草食品。很
快，采用了易拉罐、真空罐装等包装工艺的青草饮料、
青草胶囊和青草粉等产品，从他的工厂进入超市、商场，
甚至作为绿色食品出口到日本等国家！

　　如今的谢勤，不但拥有一家工厂，还在全国开了近
百家分店，资产近 2000 万元。他不但在南京买了豪宅，
还买了一辆价值 110 多万元的越野车，短短几年间，他
就从一个下岗工人变成了名副其实的大老板！

　　让我们来分析分析谢勤的成功思维：

　　1. 首先，谢勤的成功来自于一个"动态"的灵感
和高质量的渗透性思考："把草卖给人吃"这种背道
式的逆向思维。既然青草猪、牛、羊能吃，人为什么
不能吃，药店里的中草药不都是草吗？虽然说把草卖

给人吃，想法有些荒唐，但青草确实对人体的健康有很多益处，一旦被人们所认可，这个市场必定有着很大的潜力。

2. 然后就是辨认有毒和无毒的青草，怎么辨认呢？肯定是要找一个熟悉青草的人，这个人是谁？谢勤想到了农夫，农夫靠种地为生，一辈子都在和草打交道，当然对草非常熟悉。

3. 既然是要把草卖给人吃，可怎么个吃法，是个很重要的问题，总不能让人也像猪、牛、羊那样去嚼着吃吧？这时候谢勤又想到了饮料，把草榨成汁，做成饮料，不就很容易让人接受了吗？

4. 接下来，就是该怎样将这些草汁销售出去。谢勤很快就找到了自己的定位，他要以小博大，因为他只有不到 1500 元钱，租店面是肯定不够的，既然租不起店面还必须得有一个店面来做经营场地，怎么办？这时，挂靠的念头又在谢勤的脑海中产生了。租一个店面可能需要很多的钱，而挂靠就不用了，只要给对方交一少部分的钱，就可以得到一块地方，在对方适当地收取占地费的同时，还不影响生意，又能给自己带来一块地方作为经营场所，这样双方互利的事情，还是有人愿意去做的！

5. 有了一个属于自己的经营场所后，当谢勤的草汁在一段时间里得不到人们的认可的时候，他没有退缩也没有慌乱，而是让自己静下心来，寻找解决问题的方法。他将社区宣传防火、防盗的漫画改动后用在了宣传草汁上，让人们从生动、诙谐的漫画中接受青草给人体带来种种益处的观点。

6. 当谢勤的草饮料事业一天天地强大起来后，他开始跑马圈地，聘用专业人士研制系列型的青草食品和青草保健品，甚至远销国外。正是因为谢勤的高质量渗透性思考，用"第三只眼睛"洞悉了市场的空白，同时也锁定了人们对保健的意识越来越强的思想动态。

正是因为谢勤合理地驾驭了自己的野心，完全突破了自我，才让他成了一个新品牌的创始人，编织了一个普通下岗工人以千元的投资，在短短的几年间，创造了千万元的故事！而这样的故事，现实中还有很多。有的你已经想到，但脑袋中冒一点星花你就把它掐死了，因为你有一个思维定式的束缚：不可能！真的不可能吗？我要说：一切皆有可能！

第 2 节　尝试和创新才有出路

大胆地尝试，彻底地创新，天下所有的道路都是在尝试和创新中开辟出来的！

发掘隐形市场，总有没人去做的事

在今天这个经济制胜的时代，大家都在追求利益最大化、回报效率化，总希望以零的投入博取巨大的财富。

以零的投入博取巨大的财富，听起来好像很荒谬："这绝不可能。"而作为一个迎合现代市场的销售人员，就要排除这种"绝不可能"的成分！

把"绝不可能"变成"绝对可能"！古希腊一位哲学家曾说过："在这个世界上没有思维办不到的事情！"

任何事情的出现都极有可能，相互对应的只是看你会怎样去做！姑且先不去考虑做了以后的结果，该如何去做、怎么做起应该是一个普遍感兴趣的话题。

用一个博学家的思维去考虑：市场本身应该是一个多种分子的组合体，所以就不能站在直线的角度来看待问题，既然市场的总和是一个多种分子的组合体，就要用相对关联的思维把市场化整为零，用另一种手法来触及隐形市场。

近零的投入、百万的回报，不是不可能，而是在于销售过程中缺少了一种行销的能力，在潜意识中还没有完全突破那种常人的思维观念。

以化整为零的另类思维突破直线销售的局限，去渗透市场的兴奋点！

近几年来，各类保健品涌入市场的速度令人咋舌，看好保健品市场似乎是目前销售的一大趋势。正因为人人看好这块儿蛋糕，所以市场的泛滥程度是可想而知的，甚至为了丁点的残羹败汁而争得头破血流、兵戎相见。

在如此泛滥成灾的情况下，还有没有市场可言？当然有！而且还是一片处于沉睡状态的大好河山。

既然保健品市场如此庞大，毋庸置疑，肯定会引发一场保健品革命，既然是一场革命，那么肯定也就不会只是一个市场那么简单，与它相互关联的很多隐形市场都被人们在直线的销售格局中给忽略了。

隐形市场是一个从未被开垦过的处女地，它潜藏着巨大的商机！

寻找保健品的隐形市场，就要用化整为零的剥离法，对市场进行逐步渗透！

我们都知道，所有商品的终端肯定是消费者，保健品自然也是如此，消费者越多，出售的商品就会越多，利润才能越大。也就是说，所有的保健品公司都有一个共同特征——就是必须不停地注入大量的新生资源，来促进销售。

那么，这些大量的新生资源从哪儿来？是不是需要搜集，而搜集数据是不是需要技巧和方法？否则，不但搜集不到有效的数据，反而还会损耗大量的财力、物力以及时间等，而所有的保健品公司都不可能保证每天都搜集数据，毕竟人力资源有限。然而，招收员工又成了所有保健品公司的难题。

也就是说，目前的保健品市场面临着两大难题：搜集数据和招收员工！

既然目前所有的保健品公司都面临着这两大难题，而迫切地需要解决，同时这又正好是市场的切入点，帮保健品公司解决难题：收集数据和输送员工！

把强大力量弱小化、把总体力量分解化，从对方的角度去思考，经过层层过滤后，答案就出来了：保健品公司在寻找消费者的需求，而你却在寻找保健品公司的需求，给保健品公司提供一个工具，达成和谐共赢，这样下来，目前所有的保健品市场也自然都成了你的市场。

有美好的愿望，定有美好的结果，照此做

这就像我们经常听到的一个例子：

在一个遥远的地方，有一座金山。有很多的人都不远万里来到这儿，想到这座金山上拿点东西。但是通往金山的唯一道路是一条大河，很多人都在想尽办法登上金山，因为淘金是他们的唯一目标。这时候，有一个聪明的年轻人买了一条船，做起了摆渡生意，专门针对那些去金山的人。

想去金山吧，就必须乘我的船！为了到达金山，多少钱你都愿意给。

在这里我不销售系统，只销售工具。把销售的能力再进一步提升，用化整为零的剥离法，锁定销售的隐形市场。

市场潜在的财富，就像在日常生活中，每一件事情的发生往往与之关联的也不只是一个问题那么简单。

发现隐形市场的技巧，就是要突破一个常规的思维

格局！站在不同的方向去端详它的整个轮廓，只有全面地看待问题，才能更容易找出解决问题的最好方法。

在现实的销售过程中产生的所有盲点，都是由一个问题造成的：市场大于个体！

正因为市场大于个体，所以你的接触面仅仅是一个小小的点位，就好像成语故事中的"盲人摸象"，凭片面的直觉来认识它的整体。一旦这个庞大的市场动摇起来，你所能做的只有瞻前顾后、顾此失彼。

让市场的烈性驯服于股掌之中，就要让自己迅速地膨胀起来，让个体大于市场。那么该如何让个体大于市场，把财富明朗化呢？

1. 要把眼光从平面的角度转移开来！

任何事物只要用"换个角度切苹果"的方式，都会引申出另一个结果！眼睛在给你指引道路的同时，也在给你制造着陷阱，所以不要被眼前的市场格局所蒙蔽。

2. 把所有的烦恼沉淀下来，重新给自己组合定义！

> 让自己时刻保持一个跳出三界外、不在五行中的旁观者的心态，去告诫自己从不同的角度善待市场，永远不要有烦恼，烦恼则慌乱、慌乱就会迷失方向，要用一颗冷静的心，重新给自己一个定位，去审视与市场有任何关系的一切事物，不要和市场的风波发生正面的冲突！

在近几年来，与保健品市场有关联的许多隐形行业也在纷纷走俏，诸如主持人、讲师等。这足以说明，一个市场的隐形财富还远不仅于此呢！

那么，在一个市场的多种组合逐渐形成一个系统的时候，竞争力就等于学习力，学习力就等于销售力，正是因为市场的需求，许多培训机构诞生，这是不是又是一个隐形蛋糕出炉呢？

化整为零剥离法，从一个非我的角度出发，完全释放心理枷锁，赤裸裸地注视自己，然后，才能正确地认识自己！自然而然地达到惊奇的效果。

在农村，过年杀猪可以说再平常不过了，那些以杀猪为职业的屠夫，几千年来好像都没有什么太大的变化。可是，你听说过靠杀猪来赚取百万财富的吗？没有吧！然而，在广西就有这样的一个屠夫，她打破了传统的杀猪方式，以化整为零的渗透性思维，探索到行业的隐形市场，利用"人性化的杀猪"方式，在短短的一年多时间里，就猛赚了近100万元。

在广西柳州，有一个叫周柳燕的27岁农家女青年，因为在一家野生动物园做饲养员的时候，经常在晚上听到附近屠宰场里撕心裂肺的猪叫声，感到非常残忍。

她就在想：难道就不能换一种仁慈的手段，让猪安静地"离去"吗？如果这样，既能避免让人受到噪音骚扰，又是对动物生命的一种尊重。据说，安乐死去的猪的肉不会僵硬，味道更鲜美……就这样，她第一次萌生了去尝试"人性化杀猪"的念头。

人性化杀猪是德国、美国和韩国研制出来的一种人性化杀猪模式，就是在屠宰前，先把猪领到特制的流水线上，生产车间会播放莫扎特的《安魂曲》，然后，猪在音乐声中进入"洗浴中心",边淋浴边喝饮料——淡盐水;等猪的身心得到彻底放松后,再将它们领到低压电击区,"杀猪于无形中"。这种人性化屠宰的科学依据是:给猪喝淡盐水能给猪补充体液,而音乐、淋浴能让猪的情绪放松,猪肉不会因紧张而变得僵硬,味道更鲜,营养更丰富……

而这种人性化杀猪的方式在国内还没有实施,所以,周柳燕决定做第一个吃螃蟹的人,做一个专搞人性化屠宰的"女屠户"!

周柳燕的人性化杀猪,与国外的模式上又有少许改变。首先,当运猪的卡车开进屠宰场后,她放起了委婉悠长的萨克斯曲——《回家》。让本来惊恐的猪听着音乐,慢慢地平静下来,然后,打开车板驱赶,让猪随着与车板平行的卸猪台慢慢地走下来。这时,她并不急于屠宰,而是让这些猪静养一天,给它们喝些淡盐水、听听音乐,来消除恐惧和恢复体力!然后,她拉起一根橡皮水管给猪洗澡。等给这些猪洗完澡后,再拿起一根用细麻绳做成的鞭子轻轻地驱赶,这些猪在她的驱赶下,很听话地走进了一个装满二氧化碳气体的屠宰间……

　　整个屠宰过程中，没有人们司空见惯的噪音、血水和污垢，更没有猪临死前充满恐惧的嚎叫声，取而代之的是悠扬的音乐和恬静的享受！

　　随着《北京市动物卫生条例（征求意见稿）》的出台，引入这种杀猪方式，周柳燕"人性化杀猪"的名声越来越大。如今，周柳燕通过工资、分红和开展各种培训讲座，已经赚了将近 100 万元！

　　周柳燕的成功源于：解放思想、挑战传统、敢于探索、不断创新，专注人性，让世界变得越来越美好！

第3节 变通有"氧气"，赚钱有方法

给变通输入"氧气"，让变通自由呼吸，你的事业才能顺利地进行到底！

变通没有抓住根本，就会越变越糟

随着市场的趋势越来越让人难以捉摸，产生了越来越多的声音——"变通才是硬道理"！找到变通的死角让它有效地进行下去，最后达成预期的效果，在这里我们把这种变通称之为"有氧变通"。

在现如今的经济发展趋势中，越来越多的销售，都在用着自己独有的攻击方法来瓜分着市场，无可非议的是：无论哪一种销售，都必定存在着它特有的价值！

但是，如果仔细地分析一下这些五花八门的销售，就会发现所有的销售，都是一个直线模式：在特定的框架中，去按部就班地履行着一个过程。虽然，也有很多的销售模式不甘心于"按套路出牌"，立志求新求异，但结果仍然是无法从根本上跳出原有的销售框架。到最后变来变去，结果还是让自己在销售中无奈地画上了一笔败笔！

上海天珀贸易有限公司下设的沈阳天赐分公司，以一款坐式的电解功能水机，快速地进入保健品市场后，又以惊人的速度，把销售网点分布到全国各地。

但令人奇怪的是，在如此庞大的一个销售网络中，沈阳天赐公司自己却没有一套完善的销售系统，致使全国各地的销售网点都业绩平平。

2006年，沈阳天赐公司为了迎合市场的需求，开始在全国各地网罗大量的销售精英，并实施了变通，寻找一个自己独有的完善销售模式。在以前的派送下转向终端销售，从建立产品体验点到户外调查店铺加盟，每一次的变通运作，都难以维持一个月就宣告破产了。最后，不但没有在变通中找到出路，反而自己元气大伤。

沈阳天赐公司此次变革的失败，就是没有从根本上跳出原有的销售框架，虽然也在努力地变通，但是，只做了一半，形成了一种"只变不通"的失败局面！

所以，不要以为变通就一定有出路，如果在变通中忽略了风险，反而葬送了变通的前程，最后将导致整个销售全盘失败。

吉尔伯特于 1909 年创办了吉尔伯特公司，是美国十大玩具制造商之一。该公司的机械类组合型玩具，几十年来在市场上一直很畅销。

一段时间以来，由于产品畅销，吉尔伯特公司便不重视质量精良的新产品的问世。吉尔伯特公司的产品逐渐失去了竞争优势，以致亏损严重，最后不得不宣告破产。

1963 年，面对产品的陈旧、老化，吉尔伯特公司一改几十年来的传统，一下子推出了 50 多个不同功能、不同型号的新产品，并以较低的档次加工制造，以较低的价格大量销售。多年来，吉尔伯特公司从没有大力加强设计队伍建设。一下子推出这么多的新玩具，要求保证其高质量，无论是设计、研制力量，还是生产设备，都无法适应。

结果，投放到市场的几种新玩具，如各种玩具赛车，不是设计不够科学合理，就是制造质量不合格，使得大批顾客十分不满并纷纷退货。

这次产品的变通，不但使吉尔伯特造成了 570 万美元的直接损失，还严重损失了该公司品质精良的形象。

面对设计力量的严重不足，吉尔伯特公司不是大力加强这方面的力量，而是"釜底抽薪"，因此带来灾难性的结果。从 1964 年的公司预算中，将工程设计和研制费用削减了 5% 以上。这一错误决策，进一步制约了公司快速推出高质量流行玩具的能力，并长期影响公司在市场上的竞争力。

1965 年，间谍玩具特别流行，吉尔伯特公司也迅速地推出了一些侦探人物玩具，并从十分紧张的经费中挤出一大笔钱，用于广告促销与销售网点的样品陈列上。但是，由于设计不能及时跟上，这批受欢迎的玩具一直拖到圣诞节后，才投放到市场。结果，因错过了销售时机而根本卖不到好价钱，再加上前两年推出的产品中有不少设计不合理、质量等问题，结果，促销开支极大。虽然，该年度的销售额比上一年增加了 5%，然而，亏损额却上升到了 270 万美元。

由于设计力量严重不足，不能推出高质量的新产品，再加上销售过程中的不合理变通，亏损额不断增加，吉尔伯特公司不得不于 1967 年宣告破产。

合理的变通，需要成功的氧气输入。以"有氧效应"的心理去掌握市场的秉性，无论任何事物只要找对它的弱点，正确地切入，一切问题都会迎刃而解！

第四章

富人的脑袋，穷人的口袋

做市场要有狼的野心、虎的胆量和鹰的眼光，不给自己设置障碍，做到销售无限大！只有这样才能在"钱从哪儿来"的问题中找到答案：钱来自于自己的脑袋，别人的口袋，财富永远是靠智慧来赚取的。

第1节 不要让野心脱了缰

野心是什么？是帮助你成功的起点站，也是导致你失败的终结者！

野心是把"双刃剑"，可以利用，也能伤己

五年前，我在山西的一个小镇上看到这样一个标语：闯市场要有狼的野心、虎的胆量和鹰的眼光！从某种角度来看这句话，的确存在着它的道理，这也正是销售所

必须具备的三项全能！

但是，任何必备的因素都要强调一个合理化。在这里抛开胆量和眼光暂且不谈，仅站在销售的立场上去看待野心。我强调人需要野心，但有人说："野心等于能力！"不可否认，野心是达成销售目标的冲刺，但是在这个冲刺的过程中，却容易忽略了一个源于野心的巨大隐患，致使在盲目膨胀的野心下反被其害！

日本雅马哈的惨败，可以说是被野心所害的典型事例。

20世纪50年代以来，日本的摩托车行业几易其主。本田公司在20世纪60年代，不顾一切地扩大市场占有率，利用利润再投资，终于将领头羊东菱赶出摩托车市场，一跃成为摩托车行业的霸主。此后，本田不断发展，实力越来越雄厚。到了20世纪70年代，日本的摩托车市场基本上是四分天下，依次为本田、雅马哈、铃木和川崎。其中，本田在日本市场上的占有率高达85%，令所有竞争对手望而生畏。

20世纪60年代末70年代初，世界摩托车市场需求量的增长明显放慢。在这种情势下，本田决定开拓新的生产线，进军汽车市场。然而，当时国际汽车行业也非常不景气，不少中小汽车公司都纷纷寻找靠山，以求渡过难关。为了在汽车市场中占有一席之地，本田公司将最好的设备和技术力量都投入其中，甚至不惜调用生产摩托车的技术力量。到1975年，本田汽车收入开始超过摩托车的收入。

在本田公司致力于汽车生产，无暇顾及摩托车业务时，雅马哈公司开始蠢蠢欲动了。他们认为这是一个竞争世界第一的绝好机会。因此，他们制定了不惜一切代价，积极拓展摩托车市场，夺取世界第一把交椅的战略和规划。

在雅马哈的猛烈攻势下，本田节节败退。1970年，本田的销售额以3：1领先于雅马哈。到1979年，本田公司的摩托车销售额一直没有太大的增长。而雅马哈公司则将它与本田的差距缩小到1：1.4。在1970年初，雅马哈只有18种车型，那时本田有35种车型。而到 1981 年，双方都拥有 63 种车型。可以说，雅马哈与本田的市场占有率已不相上下了。

不幸的是，在顺利面前，雅马哈的决策者认为自己已足够强大，在野心的驱使下向本田发出了挑战。在战略决策上，不是更多地从自身实际出发，而是盲目地追求发展速度与市场占有份额。

雅马哈公司似乎忘记了本田是一个几十年来一直雄霸世界摩托车市场的、实力雄厚的大公司，而且本田还有其在汽车领域的技术优势做后盾。

面对雅马哈的疯狂进攻，本田公司采取的策略不只是降价，还加快产品的更新换代，迅速使产品多样化。仅仅在 18 个月内，本田凭借它的技术优势，也凭着其 2/3 的营业收入来自于汽车业、资金充裕等有利条件，推出了 81 种新车型，淘汰了 32 种旧车型。产品更新换代的加快，使企业在消费者心目中树立了新形象。

就这样，本田摩托车的销售量直线上升，而雅马哈公司相比之下则举步维艰。为了超过本田，雅马哈公司在投资建新厂上下了太大的赌注，内部资金入不敷出，只好向外大量贷款，而新厂一时又无法建成，无法产生效益，因此雅马哈无力开发新产品。相对于本田公司推出的81种车型，雅马哈公司只推出了34种新车型，淘汰了3种旧车型，产品更新换代的速度明显不及本田，因而其产品积压严重，在市场上的形象也日渐消退。

在一年的较量中，雅马哈市场占有率从原来的37%下降到23%，产量也迅速下降，1982年的营业额更是比上一年锐减50%以上。1983年初，雅马哈公司的库存竟占了日本摩托车行业库存的一半。在这种情况下，雅马哈只有举债度日。在1982年底，雅马哈公司的债务总额就已高达2200亿日元。"势利"的银行家看到雅马哈前景灰暗，也纷纷停止贷款给雅马哈。雅马哈公司由于缺乏资金，产品无法降价出售，库存越积越多。

走投无路的雅马哈公司为了避免破产，只得在1983年6月，向本田举起了白旗。

从雅马哈的失败中，可以看出野心对于销售意义的重要性。雅马哈公司由于在野心上犯了一个盲目膨胀的错误，不仅没有实现争夺摩托车霸主的梦想，反而还摘掉了世界第二的桂冠。

所以说野心就好比是一匹烈性的千里马，必须学会去合理地驾驭，否则就会反受其害。

如果说野心等于能力的话，那么更应该说合理地驾驭野心才等于能力。那么应该怎样去合理地驾驭野心，不被野心所害呢？

有很多的人在野心的驾驭之下，表现得狂妄自大、目空一切，似乎感觉天下的一切唯我独尊。一种自满的心理把一切都排斥于外，其实野心是把"双刃剑"，可以被你所用，又可以将你所害！

正所谓："水能载舟，亦能覆舟。"野心也是如此，如果你今天还不能驾驭野心，就不要利用野心。正确驾驭野心的唯一办法，就是要有自控的能力，以虚怀若谷的心境来给自己制订目标，只有具备了自控能力，才不至于轻易误入野心的陷阱。

第2节　把自己推向强者的巅峰

"口袋"原理，就是告诉我们只有充实了才能站起来！只有战胜了自己才能战胜一切困难！

销售就是将商品转换成财富的一个过程，在这个过程中要获取成功就得不断地完善自己，只有在不断地完善过程中，才能弥补自己的诸多不足。"口袋"原理，告诉我们只有充实了才能站起来！

"把自己推向强者的巅峰！"这是美国著名的电影明星施瓦辛格的一句名言。

那么何为强者？自然是可以战胜自己的人。我们都知道："人生最大的敌人是自己！"战胜自己，才能彻底地消除销售途径中的障碍。让自我的资源得到合理的利用和充分的发挥，让思想成为行为的治世良臣，做到销售无限大！

如何去突破自我的"设障"，达到质的飞跃呢？那就需要对我们自身有一个强化。

1．修养

所有的销售都必须具备一个高质量的内在修养。所谓修养，就是要具备一个长时间的自我控制能力，在关键时刻，不会因为烦恼而慌乱、因慌乱而迷失了方向！

2．习惯

在生活中，习惯是好坏并存的，在质的飞跃中，必须去强迫自己改变一些坏的习惯，来完善自己。正所谓，一个人把任何一件事情重复 21 遍就会成为一种习惯！

3．换位

要学会把别人当成自己，把自己当成别人，把自己当成自己，把别人当成别人的换位思考。以一种平静的心态问自己 21 遍："我是谁？"

4. 竭力

人生只有三天：昨天、今天、明天。要放弃昨天、隔断明天，完全投入在充实的今天里，去竭尽全力地做好每一件事情。在这里要强调的是竭尽全力而不是尽力而为，就像我们前面讲到的那个竭尽全力和尽力而为的故事一样。

5. 用心

用心就是思考！任何事情都有两层，即表面触摸层与内心感应层。行为所涉及的只是事物本身的一个表面触摸层，而深度的感应层是要用心来体验的。

在这一点上，古人也颇有同感，比如：生意的"意"字，整体是上中下结构，上面是一个"立"字、中间是一个"日"字、下面是一个"心"字，所以整个字体的结构表明了一个意思：每日立着用心去做！

6. 企图心

实现人生的远景价值，让销售进行到底，企图心起到了决定性的因素，这种企图心一定要强烈，强烈到欲望迫切的程度，就像鱼渴望水、人渴望氧气一样，达到与生命息息相关的地步，才能不至于在销售的关键时刻被困难俘虏。有时候也会听到这样的一句话："你还没有成功吗？那证明你还有大米饭可吃！"也就是这个意思！

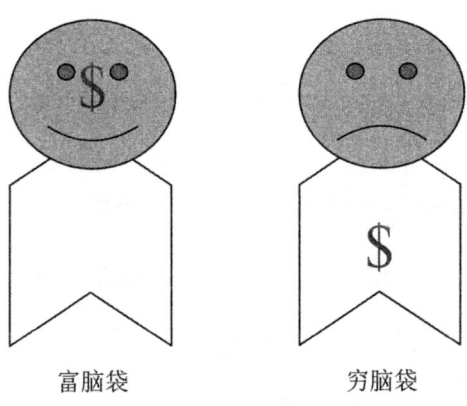

富脑袋　　　　　穷脑袋

第3节　打破顾客就是上帝的神话

> 顾客就是消费者，是所有商人的财富来源！所以不能将其划分到上帝的行列！

顾客不一定全是对的，合理的？

在过去的销售中，有很多的企业都信奉"顾客就是上帝"或者"顾客永远是对的"的理念，那么今天的销售是这样吗？

先让我们来看看顾客是什么？

顾客就是消费者！消费者是所有商人的财富来源，

也就是说，消费者是所有商品的终端。如果更进一步地细说，消费者可分为两类：一类是穷人消费者，一类是富人消费者。

穷人消费的目的是：获得生存的必然所需物品！

富人消费的目的是：投资、经营、更好地享受生活！

为什么要把顾客视为上帝呢？顾客就是顾客，他只是一个消费者，而不是上帝，上帝是要供奉、要膜拜、要信仰的，消费者用吗？如果今天的销售还把消费者来比作上帝的话，你会发现就连消费者自己也会产生诚惶诚恐、处处提防的心理。

"第一条，顾客永远是对的。第二条，如有疑义，请参照第一条。"这样的企业标语，在前几年成为许多企业的主要文化，可是，近几年却为什么突然不见了呢？

"顾客永远是对的！"站在今天这个高质量渗透性深度思考的销售角度来观摩"消费者"时，才会发现这句话存在着极大的错误。

顾客就是消费者，消费者就是人，俗话说："人有万千、形形色色、众口难调、思想不一！"如果今天有顾客说质量不好，你就马上拿去重新生产；如果今天又有顾客说包装不好，你又马上去更换；如果今天还有顾客说价格太高，你又马上去降价……到头来，你会发现在不同的顾客的挑剔下，你的产品几乎一无是处。所以说顾客永远没有满意的时候，他们只是站在一个自我的立场来看待事物。

由此看来，我们要打破"顾客永远是对的"这个传统理念。

打破"顾客就是上帝"或者"顾客永远是对的"这样的传统理念，不是不去善待顾客，而是不能因为一切都顺从顾客而迷失了自我。

所谓不顾一切都顺从顾客，就是要永远站在销售的立场上和顾客划分清楚，不去人云亦云。而所说的要善待顾客，是要真正解决顾客所需。正是因为在不断地善待顾客的同时，才能让自己快速地成长起来。

所以说，既然你做不到把顾客当神一样对待，那就打破顾客就是上帝的传统思维，在不降低产品质量和服务质量的同时，适当地引导顾客，让顾客与我们共同成长，成为智慧型的消费者。

第4节　最成功的技巧在于"问"

"问"是变被动为主动的最锋利武器，"问"得越成功，就会做得越成功！

引导式销售，让顾客的钱乖乖钻入你的口袋

美国钢铁大王卡内基在自己的销售心得中有这样一句话："要想让别人喝水，就要先让别人感到口渴！"卡内基的销售心得其实充分地展示了一个销售的"拟定"。

这个"拟定"是给消费者设定的一种强烈需求的企图心，让消费者在余兴未尽中欲罢不能。从而，让其进入你的思想，达到自己想要的效果。

"拟定"的整个核心是用说服力来完成的，拥有说服力就是拥有市场的占有率。说服力的技巧在于"问"，怎样在第一时间内通过"问"来锁定理想的效果呢？让"做"出销售变为"问"出销售。

1. 问简单的问题

人有傲性、惰性和依赖性。在做出决定时，人往往是弃难求简的，简单的问题容易回答，可以让对方迅速地进入角色，从而在随和惬意中进行整个过程。

2. 问"YES"的问题

问是销售的成功引线，只有在你问"YES"的问题的时候，才可以永远站在主动的一面，在销售的整个过程中，都会在你不断的"是吗？""对吗？""可以吗？"中自然如愿。

3. 问二选一的问题

二选一的问题是给对方一个最低数量上的选择，让顾客的思维在你的引导下无意识地进入销售。这里有一个小小的故事充分地证明了二选一的效果。

有一个小吃店销售一种茶叶蛋，这种茶叶蛋的味道别具特色，但是不知道为什么，销售量总是不理想，所有来店里吃饭的人都好像没有太大的兴趣，小吃店的老板为此愁苦不已。

就在小吃店的老板绞尽脑汁的时候，却发现隔壁的小吃店里的茶叶蛋总是不够卖，小吃店的老板感到很纳闷："同样的店、同样的蛋，为什么我的卖不动，而他的却不够卖呢？这是什么原因？"

经过现场考察后，小店老板才发现：所有到隔壁店里吃饭的人，老板都会问："这里有茶叶蛋你要一个还是两个？"而自己却总是在问顾客："你要不要茶叶蛋？"

哦，问题就出在这儿，一个是要几个，一个是要不要，就是这么一个简单的"二选一"的方法，却导致了两个小店的销售结果截然不同。

4. 问约束性的问题

这是一个很有趣的问题，看起来好像是在征求对方的意见，实质上，是让对方利用惯性思维无可选择地进入自己的"拟定"。

约束性的问题，是通过在正常思维的松懈下，利用了潜意识的惯性引导，这种惯性引导会让思维细胞在睡眠的状态下进入一种误区。

一位讲 MBA 课程的教授让每个人不停地念"老鼠"10 遍，然后他会立刻问道："猫怕什么？"所有人做出的第一反应都是："老鼠！"

"问"出销售，让自己永远处于主动的一方，做到从别人的口袋里掏钱，还要让别人向你道谢，这才是销售的精髓所在！

有专家将人的潜意识思维接受能力划分了一个数字比重，通过数字的比重来决定销售途径的成功比例。这一组思维接受能力的数字比重分别为：听 10%、读 10%、写 10%、分享 30%、体验 40%。

从这一组数字的比重中，分别可以看到接受的途径不同，销售的成功比例也就自然不同！把这组数字相结合，做到百分之百地接受和利用，你还有不成功的道理吗？

第五章

鼓足干劲——闪亮亮的人生

天底下的成功都是在必然的情况下产生的，也存在着它必然的道理。将自己的人生经历整理总结，才能充分地展现生命的活力，鼓足干劲，让自己行动起来，成功的关键就是用心做，加油干！

第 1 节　成功要有"10 颗心"

生意！生意！就是在有生之年，必须每日用心去做，所以说"用心"很关键！

展现心力，把自己做成一个传奇

发挥最大的潜在能力，先让自己完美起来。虽然俗话说："金无足赤，人无完人。"但不排斥对完美的追求。既然今天你选择要走成功的道路，就必须要超越极限，挑战完美，为人所不能。

130

信心就是对正确的坚持，始终如一

1. **信心**。自信是对自己的一种认可，不管你今天在做什么，有多大的想法，在你手里紧握着的第一张财富王牌就应该是——信心。

在一所大学里，一个男同学和一个女同学在一个教室里相处了两年，他们一个是模范生一个是校花，他们在学习上相互鼓励，在生活中相互帮助，也不知道从什么时候开始，这个男同学发现自己已经深深地爱上了对方，所以总是喜欢找不同的理由和她说话，可是自己的心里话却从来不敢说出口。后来每当这个女同学出现的时候，他都会远远地注视着她的身影很久很久，有时候还会在晚上跑到她的宿舍楼下一待就是半宿。

再后来他们毕业了，各自都有了自己的家庭，在一次聚会中他们又坐到了一起，这时候这个男同学才告诉这个女同学："其实那时候我很喜欢你！"这个女同学似乎毫不惊讶地说："那你为什么不向我表白？你知道吗？那时候我也一样喜欢着你，只是不敢和你说，怕被你拒绝。"

就这样本是彼此相爱的两个人，就因为没有信心向对方表白，导致了最后无缘。

这样的事太多了，没有信心，什么理想呀，愿望呀，一切都是枉然！

还有一个因为信心而成功的故事：

小泽征尔是世界著名的音乐指挥家。一次他去欧洲参加指挥家大赛，在进行前三名决赛时，他被安排在最后一个参赛，评判委员会交给他一张乐谱。小泽征尔以世界一流指挥家的风度，全神贯注地挥动着他的指挥棒，指挥一支世界一流的乐队，演奏具有国际水平的乐章。

演奏中，小泽征尔突然发现乐曲中出现不和谐的地方。开始，他以为是演奏家们演奏错了，就指挥乐队停下来重奏一次，但仍觉得不自然。这时，在场的作曲家和评判委员会权威人士都郑重声明乐谱没问题，而是小泽征尔的错觉。他被大家弄得十分难堪。在这庄严的音乐厅内，面对几百名国际音乐大师和权威，他不免对自己的判断产生了动摇。但是，他考虑再三，坚信自己的判断是正确的，于是，大吼一声："不！一定是乐谱错了！"他的喊声一落，评判台上那些高傲的评委们立即起立向他报以热烈的掌声，祝贺他大赛夺冠。

原来，这是评委们精心设计的"圈套"，以此来检验指挥家在发现乐谱错误并遭到权威人士"否定"的情况下，有没有信心坚持自己的正确主张。前两位参加决赛的指挥家虽然也发现了错误，但终因随声附和权威们的意见而遭淘汰。小泽征尔却用十足的信心夺得了世界指挥家大赛的桂冠。

销售特质：破釜沉舟，决一死战

2. 决心。不顾一切向前冲的傻劲儿，其实就是一种决心。我们都知道"不登长城非好汉，不到黄河心不死"这两句话，就是在告诉我们无论做什么事情，都要下定决心，不达目的誓不罢休。

在拼搏的过程中遭遇到不曾预料的雷霆之险，也决不能退缩，即使最终的结果可能没有我们想象得那么美好，但是这个目的地也必须要到达，因为开弓没有回头箭。

把自己逼向成功的绝路，以一颗必胜的心态去面对未知的将来，才能够创造人生的辉煌和奇迹。这就是我们都很熟悉的一个成语——破釜沉舟。

秦朝末年，由于秦王朝的残酷统治，各地农民纷纷起义反抗。公元前208年，刘邦和项羽两支队伍会合，共同推举楚怀王的孙子做楚王，军威大震。这时，原来被秦国灭亡的魏、赵、燕、韩等国家，也乘机恢复起义，并与楚国结成反秦联盟。秦二世胡亥慌忙派出人马到各地去镇压。秦将章邯率领20万大军，进攻赵国，把赵王围困在巨鹿。赵国急忙向楚国求救。楚王于是派遣宋义做主帅，项羽为次将，带兵去援救赵国。可是宋义并不急于赶去救赵，他打算先让秦赵双方打得两败俱伤，然后出击，从中获胜，以保存实力。他带着人马缓缓行进，到了安阳，还停下来休息了 46 天。项羽心急如焚，多次劝说宋义赶到巨鹿迎击秦国，但遭到宋义的拒绝。他在一气之下，把宋义杀了，夺取了兵权。

项羽看见秦军人马众多，士气正盛，要打败强大的秦军，就必定要想出一个好的战法才行。于是，他命令士兵们把渡船统统凿穿，沉下水底；又把行军煮饭的锅也都打得粉碎，每人带着三天的干粮。在这样的情况下，退路没有了，粮食也不多了，不战胜敌人，就只有死路一条。楚军的将士们激昂振奋，互相勉励，人人都抱着进则生、退则死的决心，拼命向前。

两军相遇勇者胜。秦军虽然人马众多，也抵挡不住抱着必死决心的楚军。经过几次激烈的血战，秦军终于崩溃了。项羽就是这样用"破釜沉舟"的办法来激发士气，战胜了强大的秦军。

后来人们就用"破釜沉舟"来比喻进则生、退则亡的坚定决心。在成功和价值面前，无论是在什么时候，面临什么样的情况都如逆水行舟，不进则退。只有不断进取，坚定不移地向目标冲刺，才能取得最后的成功。

恒心就是：愈败愈战，愈挫愈勇

3．恒心。当你下定决心想去做一件事情的时候，你有没有想过会经历怎样的磨难？当磨难压顶让你如负千斤的时候，你还会不会再坚持？恒心就是在你下定决心之后给你的第二个冲力，这种冲力可快可慢但不可站，无论在这中间遇到怎样的磨难或者是诱惑，都不要改变你的初衷。

今天如果你还说："我决心也下了，恒心也用了，可还是没有成功，是因为我倒霉吗？"

那么好，现在就让我们来看一个所谓"超级倒霉蛋"的财富历程，看看他是怎样利用恒心来让自己成为一个千万富翁的。

他，在常人眼里是一个真正的"超级倒霉蛋"：跑运输，接二连三发生车祸；搞养殖，又赶上瘟疫；搞种植，却又遇上大旱，蔬菜烂了一地……

然而就是这样一个霉运压顶的人，最终却能凭着永不言败的精神和矢志不移的恒心，成了一个名副其实的千万富翁。

20世纪90年代，在陕西西安有一个靠培育西红柿种子而成功的农民，由于家庭贫穷，从小就被别人耻笑，为了改变这个现状，他知道他必须富有起来，可是怎么让自己富有呢？自己是一个农民，一无学历二无一技之长。他想既然是农民，就先从农民做起吧。

第一年，他看见别人种西瓜，他也种，一下子就承包了10多亩地，然后就热火朝天地干了起来。他有个想法：等今年西瓜丰收了，多卖点钱，也让他们对自己刮目相看，看看你们以后谁还敢耻笑我！

然而，天不遂人愿，由于当地种西瓜的太多，虽然是丰收了，可价钱却低得厉害，每亩地还赚不到200元钱。

第二年，他又开始种卷心菜，可偏偏遇上大旱，卷心菜根本就不结心，10多亩的卷心菜就这样烂了。

第三年，他开始改行跑运输，贷款买了辆农用车，可又接二连三地发生车祸。

第四年，他又改行养猪，然而祸不单行，恰恰那一年发生了瘟疫，100多头小猪死得所剩无几。

你说他倒霉吗？但是他不甘心，仍然坚持自己的初衷，让自己富有起来。既然在家霉运连连，他就想去外面试试。树挪死，人挪活，也许到了外面就能好起来，就这样他去了北京。

到北京后，他起初给别人打工，但是在北京的同乡把他在家的倒霉事给传了出来，弄得到最后没有一个单位敢用他，生怕他的霉运会连累了自己。

出门在外，连工作也没有着落，日子是可想而知的，虽然几近绝路，但是他依然在执着地寻找着改变命运的机会。

一次偶然，他碰到了一个来北京推销西红柿种子的客商，这个客商让他帮忙在老家联系一些农户，替他繁育西红柿种子。

然而命运再一次捉弄了他，当他顶着把房子和田地当作赔偿的风险，让乡亲们培育出来的西红柿种子，不但卖不出去，就连那个客商也跑得无影无踪了。

我们暂且不说他的房子和田地怎样，虽然那个客商跑了，但却激发了他把西红柿种子培育下去的决心，就为了争这口气。

他开始多方面地跑关系，请教有关专业人士，联系培育种子的经费，功夫不负有心人，"精诚所至，金石为开。"在他两年的不懈努力下，上天终于眷顾了这个与自己命运抗争了几十年，永不服输的人。

他成功了，他用 40 多万买了房子，用 30 多万买了车，他的收入每年都在 100 万以上。

他的"金鹏一号"西红柿也成功了，远销东南亚、西欧等数个国家。

他，就是陕西省劳动模范、陕西省党员致富带头人——王建人。

虽然说在这之前他在不停地改行，却从没有把一件事情从头到尾地贯穿下去，最后他还是凭着顽强不屈的精神和持之以恒的决心，把自己编入了千万富翁的行列。

的确如此，人生充满了挫折与考验，只有那些意志坚定、执着追求的人才能品尝到成功的喜悦。

雄心是霸气，是征服一切的力量

4. 雄心。一个人无论做什么事情，都应该有雄心，暂且不要去管事情最后的成败，就算你今天想要的是征服整个世界，你也要拿出你的雄心让全天下人来认可你的价值。

雄心就是有一个大的志向，满怀着一股英雄气概，去成就一番伟业的想法。

楚霸王项羽在中国历史上写下了不可磨灭的一笔，他的雄心也足可以说撼动天地。

公元前 210 年，秦始皇到会稽巡游，很多人都过去看热闹，那时候只有 23 岁的项羽看到秦始皇前呼后应、八面威风的样子随口说了句："彼可取而代也！"什么意思？就是说："你秦始皇现在的地位将来要被我取代！"项羽的雄心大志由此可见一斑。

一句"彼可取而代也"的项羽，后来在陈胜、吴广大泽乡起义中也加入了反秦斗争。25 岁的时候，他已经成了所有起义军中威震四方的最高统帅了。

后来他又创造了历史上著名的巨鹿之战，也就是破釜沉舟的故事。

虽然说最后和刘邦的垓下之战兵败自刎于乌江，但是他的雄心壮志和英雄气概不得不令后人折服。

所以说，无论是古今也好，还是中外也好，每一个成功的人士，都必定具备伟岸的雄心！

巨人也要学会低头，否则会撞顶

5. 虚心。虚心是一种姿态，不管以后你有多么的成功、多么的伟大，都要请你时刻记住必须要有一个虚怀若谷的心境。在这个世界上有太多你本身知识以外的东西存在，只有乐于接受、虚心求取才能完善自己。

孔子曾经告诫弟子：我的全部学问，也不过是牛身上的一只角，有时候我也得虚心地向老子请教！

古希腊一位著名的哲学家曾经说过："虚心是快乐的索取！"

19世纪的法国名画家贝罗尼，每天背着画架到各地去写生。有一天，他在日内瓦湖边正用心画画，旁边来了几位英国女游客，看了他的画，便在一旁指手画脚地评论起来，一个说这儿不好，一个说那儿不对，贝罗尼都虚心地接受了她们的建议，并一一修改过来，末了还跟她们说了声谢谢。

第二天，贝罗尼有事到另一个地方去，在车站看到了昨天的那几位女游客，她们正交头接耳地不知在议论些什么。过了一会儿，那几个英国女游客看到了他，便朝他走过来，问他："先生，我们听说大画家贝罗尼正在这儿度假，所以特地来拜访他。请问你知不知道他现在在什么地方？"贝罗尼朝她们微微弯腰，回答说："不

敢当，我就是贝罗尼。"几位英国女游客大吃一惊，想
到昨天的不礼貌，一个个红着脸跑掉了。

虚心说起来容易，可做起来却很难，因为在你试着
虚心求学的时候，可能会觉得自己只是一个委屈的小角
色，看着对方的居高临下，心里难免有点不舒服。其实
大可不必要这样，你要知道，当你虚心去接受的时候，
你就会在不知不觉中得到一大笔财富。

以情动天地，以诚感人心

6. 诚心。诚心自古至今都是一把心灵钥匙，更是
如今经商必备的不败神兵。只要有一颗至诚的真心，
就可能会出现奇迹。所谓：精诚所至，金石为开！

中国古代二十四孝中有一个"卧冰求鲤"的故事。

晋朝初年，王庄有个叫王祥的孩子。他生母早亡，

父亲又娶了继母。有一年腊月，天下大雪。王祥的继母得了重病，卧床不起，很想喝鲜鱼汤，她把王祥叫到床前告诉了他。王祥听后，心里十分焦急，这寒冬腊月，河里都结了很厚的冰，到哪里捉鱼呢？想来想去，想到了村前的万泉河。

王祥来到万泉河边，一看河里冰很厚，他心急如焚。他沿岸由东向西走，想找一处没有结冰的地方，可到处结的冰都很厚。来到村西头石桥下，还是没办法。王祥情急之下，就倒身卧在冷得刺骨的冰上。他想用身体暖化厚冰，为继母捉条鱼。这时北风刮着，天下着鹅毛大雪。不一会儿，王祥就被埋在雪里。王祥对继母的至孝诚心感动了龙王，龙王忙命夜叉把两条鱼送来。王祥冻得发抖，仍咬牙坚持。他身子下的冰慢慢化开了，突地两条红鱼蹦了出来。王祥满心欢喜，拿着鱼回家了。继母听说王祥捉回来两条红鱼，忙把他叫到跟前问道："这天寒地冻的，你从哪弄来的鱼呀？"王祥如实地把他卧冰求鱼的经过说了一遍，继母听了心想：这孩子竟这样孝顺，就是亲生儿子也很难这样。随后交代王祥："娘不能吃这鱼，你把鱼身上的鳞甲各刮一片，把鱼放回河里去！"继母喝了这两片鱼鳞汤后，病渐渐地好了。

从此以后，王庄村前那条万泉河，每到寒冬时节都要结上一层厚厚的冰，而王祥卧冰求鱼的地方再也没有结过冰，成为这里远近闻名的一大奇观。王祥的拳拳诚心感动了当朝皇帝，被特招进京，后来做了大官。

王祥"卧冰求鲤"虽然说是讲了一个"孝"的故事，但他那颗尽孝的诚心却能感动天地。如果我们能有王祥"卧冰求鲤"的诚心，还愁有什么事情做不成？

耐心是美德，等到最后，笑到最后

7. 耐心。耐心应该是一种超强的心理素质，当一些不顺心的事情来临的时候，不要心浮气躁，否则只会让自己乱了阵脚。耐心地面对、冷静地处理，事情的成功也许比你想象中的更容易。

成功的专业销售人员都具有很好的耐心，他们在销售过程中不会急于求成，因为他们知道草率和急躁会酿成大错。有耐心其实很难，当你有很多销售电话要打或者有几个客户要见的时候，更是如此。

我曾经就购买邮寄名单的事情联系过一家公司。一位销售人员在 24 小时之内就给我回电，我们花了很长时间谈论我对邮寄名单的需求，然后他还给我写了电子邮件，提供了一些参考信息。在后来的 10 天里，他给我打了 4 次电话，头两个电话是在同一天打的。而且，他每一次在电话里都催我赶快做决定。在第四次通话的时候，他已经表现得非常不耐烦和沮丧，他给我的感觉就是他希望达成这笔交易，然后再开始他的下一个客户。

那段时间我特别忙碌，几乎没机会看他给我发过来的信息。他的不耐烦让我觉得不安，最终我决定不用他的服务。

我理解在最初见面或电话之后保持后续跟踪的重要性。然而，在专业的销售方法和纠缠客户做出购买决定之间有一道明显的界限。

　　我们要记住，商人都非常忙。除非客户急需某件产品或服务，否则通常他们都不会很快做出决定。我曾经和合作公司的两个主管人员谈过这个问题。在我们的谈话过程中，一位主管说："在忙得不可开交的时候，我通常都是这样的。"另外一位主管表示同意，"每天我都会收到销售人员留下的许多语音信息，但是我都不怎么听，因为我已经有太多的项目要去完成。即使他们的产品具有某些特点和价值，但我的确没时间去研究某个新的东西，甚至没时间约见销售人员。"

　　太多的销售人员都不会从客户的角度考虑事情。你认为自己的解决方案很重要，并不意味着客户就应该优先考虑你的产品或服务。优先考虑的内容每天都在改变，你接触的人职位越高，这种情况就越明显。

　　耐心不是天生的，为了我们的成功，就让我们努力地培养自己的耐心吧，就如《耐心的力量》的作者M.J.瑞安所说："耐心是可以培养的，就像肌肉可以锻炼一样！"

野心，势在必得的催化剂

8. 野心。一个人要想成就一番霸业，野心是必不可少的。野心，首先就是要敢想敢做，才能够造就人生巅峰，试看古今中外所有的成功人士哪个不是被野心推向了辉煌的。

但是野心的发挥也要有个度，不能任由其膨胀，否则就会像前面说到的雅马哈公司那样惨败。

说起野心，我们不得不说说拿破仑，因为拿破仑几乎成了野心的代名词，一个不可逾越的野心形象。

拿破仑—法国著名的将军和帝王，于 1769 年出生在科西嘉岛的阿雅克修城。年轻时拿破仑是一位民族主义者，认为法国人是压迫者。但是拿破仑却被派遣到法国军事院校学习，1784 年毕业。他年仅 16 岁就开始在军队当少尉。

　　四年后，法国革命爆发了，刚成立不久的法国政府几年之内就卷入了同几个外国列强战争的急流之中。老天头一回赐给了拿破仑出人头地的机会，他指挥炮队在1793年土伦包围战中，从法军和英军手中收复了土伦。此时他已经放弃了他的科西嘉民族主义思想，把自己看作是法国人。他在土伦包围战中立下了战功，被提升为旅长。1796年又被提升为驻意大利法军司令。从1796年到1797年，拿破仑在意大利赢得了一系列辉煌的胜利，随后以英雄的身份返回巴黎。

　　1798年拿破仑率领法军入侵埃及，这次出征惨遭失败。虽然拿破仑的军队在陆地上取得了全盘胜利，但是纳尔逊统率的英国海军摧毁了法国舰队。1799年拿破仑放弃了他在埃及的军队，返回法国。

　　拿破仑回到法国发现人们记忆犹新的是他指挥意大利之战的成功而不是出征埃及的溃败。拿破仑利用这一优势，一个月后就发动了一次政变，宣告成立一个新政府—执政府，他任政府的第一执政。虽然拿破仑主持制定出一部完备的宪法，并为民众投票通过，但那只不过是他实行军事独裁的一副假面具，他很快就战胜了政变中的其他同谋者。

拿破仑飞黄腾达的速度令人吃惊。1793 年 8 月在土伦包围战之前他只不过是个无名鼠辈，一个 24 岁的非完全法国血统的小军官。六年以后，年仅 30 岁的他就成为法国无须争辩的君主，他在君主的宝座上一坐就是 14 年之久。

拿破仑的野心可谓膨胀到了极点，虽然说最后滑铁卢之战让拿破仑死在圣赫勒拿岛上，但千百年来，他始终被人提及。

人生没有追求，活着其实已经死去

9. 事业心。对一个人来讲，事业心就是体现其价值的所在，对于事业心每个人的理解也都各有不同，通俗地说就是让自己有点事做，只不过这样的事情分大小而已。

　　一个农夫去哲学家家里做客，看到哲学家每天都在读书写字就不解地问："您每天不是读书，就是伏案写作，难道不觉得辛苦吗？"哲学家说："因为我有事业心，所以不觉得辛苦。"

　　农夫又问："什么是事业心？"哲学家想了想说："我们不如来做个试验吧。请将你的左手握成拳状，往前伸直，然后将右手也握成拳状，高高举起。接着迈步向前，每走两步后，将左手往旁边摆动一下，然后再走两步，将举起的右手放下，又举起。就这样，一直重复着这些动作，并且转圈。"

　　农夫照做了。大约过了半个小时，农夫受不了了。哲学家就问："感觉怎么样？"农夫说："受不了，太辛苦了！"

　　哲学家笑着问："请问，你会耕田吗？"农夫听了后说："笑话，我是一个农夫，要是连耕田都不会，那还叫什么农夫呀！"

　　哲学家又说："好，你能将你平时耕田时的动作在这里示范一下吗？"农夫毫不犹豫地做起了耕田时的动作……农夫惊奇地发现，他做的动作，与哲学家刚才让他做的动作一样。

哲学家笑了，问道："你耕田的时候，觉得辛苦吗？"农夫回答说："不但不觉得辛苦，还觉得很愉快。"

哲学家又问："都是相同的动作，在这里你觉得辛苦，而在你耕田的时候却不觉得辛苦，那是为什么？"

农夫说道："因为在耕田的时候，我心里想着丰收，所以不觉得辛苦。"哲学家点头："这就是事业心。因为你心里有了追求，所以长年累月地做相同的事情也不觉得辛苦！"

人这一生体现价值的地方是无处不在的，不管今天你是因何目的，想去做什么事情，都要先给自己找准一个合适的点位。然后再把这个点位努力扩张成一个圈，圈出你自己的人生领土，去奠定一个财富王国。

拥有一份事业心是难能可贵的，最起码在自己的人生道路上规划了一个宏伟的目标，让自己有所为。就像保尔·柯察金在《钢铁是怎样炼成的》一书中说的：

"当我白发苍苍回首往事的时候，不会因为一事无成而羞愧！"

如果你今天能有一份事业心，首先我应该恭喜你。因为不是每个人都有事业心的，我曾经就见过这样一个人。

2009 年夏天，我在邯郸的滏阳公园附近见到一个看上去很落魄的人，年龄不大，也就是 20 岁左右的样子，正在路边的垃圾桶里找吃的，因为当时天已经很晚了，我也没有过多的在意。

没想到第二天在相同的时间、相同的地点我又见到了他，这顿时激发了我的好奇心，我就在想：他年纪轻轻，四肢健全，为什么不去找个工作，却要在大街上像个乞丐一样流浪，是因为他傻吗？还是别的什么原因？如果说他是经历了什么被逼无奈的话，我想帮他一把，因为我也曾经有过落魄的遭遇，所以我很同情他。

然后我就走过去试探着和他打招呼，因为我必须先要弄明白他是不是精神有问题，后来我发现他不但精神没有问题，而且思路还很清晰。

我就问他："你多大了，家是哪的，干吗不回家呀？"

他回答："19岁了，家就是周边县里的，出来好几年了，不想回家。"

我问他："那你怎么不找个工作？""找工作？干什么？我什么也不会，也没去找过。"

"那你也不能就这样流浪着呀！"我说。他回答我："我感觉这样挺好呀，什么也不用愁，都好几年了，我也习惯了。"

后来我继续和他说："要不这样吧，你去我公司上班，先赚点钱，作为你新的起步。"如果作为一个落魄的末路英雄，这句话不亚于上天给他的最好恩赐，他应该很兴奋。可是他的回答是这样的："我不去，你们有钱人也是活一天，我没钱也是活一天。我觉得流浪着也不错，你走吧！"

我顿时无语，他有追求吗？他的追求就是做个流浪汉？

你说他可悲吗？不，应该说他可恨，人追求的事业心和责任感在他那里却变得分文不值。

光有事业心还是不够的，还要具备对因事业心而来自于四面八方压力的抵抗能力。每一件事情在成功的同时都会遭到各种压力的阻挠。当各方面的压力排山倒海地向你扑面而来的时候，要用正确的方法把它化解，然后不假思索地"挺"过去，阳光就会依然灿烂。

英雄，自当有"站如松、卧如弓"的魄力，事业心才能更加坚定无比！

强烈企图心，一切皆有可能

10. 企图心。前面说到野心，与这里的企图心还是有些差别。从积极面上来说吧，万事必有所图，也必有得。企图心就是让你强烈的成功欲望更加强烈，一个人的企图心来自于突破，对自我的突破。向"不可能"挑战，把"绝不可能"变成"绝对可能"。

　　企图心是一种欲望，这种欲望一旦被激发出来，那么万事就会立刻变得简单起来。

　　高中毕业后的史泰龙，辍学在街头当起了混混，直到 20 岁那年，有一件偶然的事刺痛了他的心，他深刻地意识到："再也不能这样下去了，要不就会成为社会的垃圾！我一定要成功！"

　　他一步一步思索规划自己的人生，从政？进大公司？经商？……NO！没有一个适合他的工作，他便想到了当演员，不要资本、不需名声，虽说当演员也要条件和天赋，但他就是认准了当演员这条路！于是，史泰龙来到好莱坞，他一次次地找明星、求导演、找制片，寻找一切可能使他成为演员的人，四处哀求："给我一次机会吧，我一定能够成功！"可他等来的只是一次次的拒绝。

　　"让我当男主角吧，我一定行！"

　　"当男主角？简直是天大的玩笑！"

　　他又遭受了一次次的拒绝。"也许下一次就行！我一定能够成功！"一次次失望后，一个个希望又支持着他！他从来没有放弃！

那个时候，好莱坞共有500家电影公司，史泰龙逐一记下来，然后根据自己认真划定的路线与排列好的名单顺序前去拜访。但第一遍下来，所有的500家电影公司没有一家愿意聘用他。500家公司全部拒绝，这种事情对很多人来说都接受不了，恐怕就此罢手了。然而他并没有放弃，继续他的第二轮拜访和自我推荐。然而同第一次一样，500家电影公司依然全部拒绝了他。于是，史泰龙又进行了认真分析，他带着明星梦想，进行了第三次的面试和自我推荐，当第三轮史泰龙又被拒绝之后，他整整被拒绝了1500次。这个时候，好心的朋友告诉他，你如果能有一个剧本带着，成功的几率可能会大些，于是一次偶然的机会他仅仅花了三天的时间写了剧本《洛奇》，带着剧本他第四次寻找明星梦。

终于，当拜访完第349家后，第350家电影公司的老板破天荒地答应愿意让他留下剧本先看一看，这家公司同意用7500美元的价格买下剧本，但是不同意史泰龙主演。他当时已经三天没有吃过饱饭，但依旧拒绝了这家电影公司的要求。

直到 1855 次之后，一个曾拒绝过他 20 多次的导演终于给了他一丝希望。1976 年，《洛奇》票房在北美达到 1.17 亿，全球 2.25 亿，成为当时的年度前十。史泰龙成功了！

因为有着强大的企图心，史泰龙非常渴望成功，即使他被拒绝的次数高达 1855 次，依然向着自己的目标前行。

第 2 节　成功要闯"5 道关"

和成功零距离接触的时候，要有控制不健康地欲望膨胀的能力！

忍得一时辱，修成十年功

在没有成功却很需要成功的时候，为了成功我们可能会千方百计、尽己所能地改变一些不好的习惯，因为我们都知道不良的习惯是成功的最大阻碍，所以，我们应该摒弃它。

每一个不良的习惯都像一道艰险的关隘挡在我们面前，需要我们来攻克。其实让我们静下心来好好地想想，这些不良的习惯都围绕在我们身边，却极不易被发现。

向不良的习惯挑战，疏通人性的 5 道关，那究竟这人生的 5 道关是什么呢？就让我们来看看吧！

第 1 关：面子关

有这样一个人，很穷，但很爱面子，总想让别人认为自己很有钱，但怎么才能让别人觉得他有钱呢？他想来想去觉得只要让别人看到自己天天在吃肉，就认为自己有钱了。可是他很穷，根本就没钱买肉，怎么办？于是，他就去买了块儿猪皮放在家里，他买的猪皮不是用来吃的，而是用来抹嘴的。每天他吃完饭后就会拿出这块儿猪皮抹抹嘴再出门。当别人问他你吃的什么饭的时候，他总是说："我吃的肉，你看看我的嘴。"不管他吃的是什么饭，他都会这样说。

有一次他正在别人面前炫耀自己吃了肉，忽然，他儿子急匆匆地跑过来喘着大气说："爸，不好了，你快回去看看吧，咱家的肉被猫叼走了。"他装作漫不经心的样子说："是哪一块呀，三斤的还是五斤的？"他儿子说："就是你天天抹嘴的那一块呀。"

各位，面子真的很重要吗？

不。

也许我的回答会让你们感到不快，因为面子重要与否完全体现在价值上。

大家都知道从别人的裤裆下面钻过去是件很丢人的事，可是秦朝时就有这样一个人，他全然不顾自己的面子，从别人的裤裆下钻了过去。这是怎么回事？这个人是谁？他就是——韩信。

韩信几乎每个人都知道，他是汉朝的开国大将，刘邦身边的红人，他用兵如神，曾被刘邦封为一字并肩王，与刘邦平分天下。可是韩信在少年时期却有过从别人裤裆下钻过去的胯下之辱。

传说，韩信的家里很穷，他从小就志向远大，酷爱习武。他的武功在当地方圆百里可以说是无人匹敌。

有一次，韩信正在街上闲逛，有一个无赖公子带着随从挡住了韩信的去路，这个无赖公子自恃人多势众挑衅地和韩信说："听说你武功很高强不知道是不是真的，今天我想和你比比，看看咱俩谁的武功更好，赢了的就做当地的老大，输了的就靠边站。"说着这个无赖公子就拉开了架势。

韩信站在原地没有作声，也没有动。这个无赖公子看到韩信没有回答，就轻蔑地说："怎么，不敢比？不比也可以，只要你从我裤裆下钻过去，我就让你走。"说着就两腿一叉。这时候街上的人看见有人打架，一下子就都围了过来，韩信还是站着没动。无赖公子看到韩信这个样子就更加嚣张地说："要么就比武，要么就钻过去！"他的随从们也在旁边跟着起哄："钻吧。"

韩信看了看无赖公子又看了看周围的人，两腿一弯就钻了过去，然后站起身来拍了拍土拂袖而去。

后来，韩信从军，跟着刘邦南征北战，为汉朝立下赫赫战功，被刘邦封为一字并肩王。这时候的韩信又想起了他当年的胯下之辱，便让人四处打探，找出当年那个无赖公子。

无赖公子听说当年那个被他侮辱过的韩信成了一字并肩王和刘邦平起平坐，并要不惜一切代价找到他，早就吓破了胆。跪在韩信面前如筛糠一般，直喊饶命。

韩信走到无赖公子面前，亲手把他扶起来并赐给他座位，然后和他说："你不用害怕，我叫你来不是为了杀你，我不但不杀你而且还要让你当官，让你领兵打战，为国效力。"韩信又说起了当年的事情，他说："当年我不和你比武不是因为我怕你，我是认为大丈夫志在四方，习武是为了平定天下，而不是用在个人的争强斗狠上，我能有今天的成就也是与你当时给我的胯下之辱分不开的。"

事实证明韩信是对的，他把面子和价值画了一个清晰的等号，他不公报私仇让无赖公子成了他后来的得力将领，这种魄力是何等的非凡！

记得二十年前看过一部电视连续剧《银狐》，是一部商业大戏，这部电视连续剧给我的人生带来了很大的影响。

　　电视剧的主人公叫段绍祥，是一个电影大亨，拥有一个上百亿资产的"段氏集团"，同时在全国各地还有多家企业。他一生中最信任的两个人，一个是他的好朋友宋学礼、一个是他的女朋友惜梅。

　　就在他的事业蒸蒸日上、人生得意之时，没想到他两个最信任的人都背叛了他。在他去参加一个记者招待会的路上，他的好朋友宋学礼亲手制造了一个阴谋，让他的飞机失事，幸亏他掉到了水里才没有被摔死。当他知道真相以后已经太晚了，他的好朋友和他的女朋友已经在各大媒体宣布了他们的结婚日期，而他的"段氏集团"也已经改名为"宋氏集团"了。

　　短短的几天时间他从一个亿万富豪到一无所有。他不得不到码头做搬运工，时间长了，慢慢地就开始有人认出了他，墙倒众人推，当越来越多的人知道他就是曾经身价显赫，堂堂的段氏集团的老总时，便开始对他处处为难、百般嘲笑……

在宋学礼和惜梅结婚的那一天，他用全部的积蓄租了一辆轿车和一套高档西装，给别人一种东山再起的假象，然后走向了他们的结婚礼堂。段绍祥的到来让所有人都很惊讶，他走到宋学礼面前说："你霸占了我的企业，抢走了我的女朋友，我今天来是向你要权益费的。"

当宋学礼将一摞钞票洒在地上后，段绍祥面对着在场几百位商界头脸人物低头弯腰把地上的钱一张一张捡了起来，然后走到惜梅面前说："你在他这里就值5000块钱。"

后来他用这5000块钱买了台电影放映机，从一个电影放映员做起，再到后来承包电影院投资制片厂，他用了三年的时间又夺回了自己的段氏集团。

有这样一句话："不为五斗米折腰！"是的，不为五斗米折腰的气节的确可贵，但是气节和面子是完全不同的两个概念，面子是一种价值，而气节是一种使命。

可能大家都看过刘德华和周星驰合拍的那部《赌侠》。陈小刀为了能够取得"世界慈善赌王"大赛的资格，

他放下"赌神"传人的面子，向他的敌人侯赛因去借 10
块钱的赌资。

所以，不要太过于重视自己的面子，因为你要做的
很多事情都比面子重要。只有放下面子，才能捡起金子！

放下自己的面子但要给别人面子，学会低调做人，
高姿态做事。给别人面子，就等于给自己的成功修缮了
一条高速公路，行驶起来才能畅通无阻。

朱元璋小的时候家里很穷，他常常和几个小伙伴到
附近的山上给地主放牛。有一次，他们放了一天的牛，
已经很饿了，可是地主不给饭吃，家里穷没有吃的，怎
么办？他们几个就商量着到附近的地里偷点豆子煮着
吃。豆子还没有煮好，几个饿慌了的小伙伴就开始争先
恐后地抢了起来，一不小心，就把煮豆子的瓦罐给打翻
了，豆子洒了一地，他们只好在地上捡着吃。

后来朱元璋做了皇帝，曾经和他一起放过牛的那几
个人就商量着想找朱元璋混个一官半职。第一个人见到
朱元璋是这么说的："你还记得吗？我们小时候一起给

地主放牛，有一天，实在是饿得不行了，我们就到别人的地里偷豆子煮着吃，豆子还没有煮好，我们就抢了起来，结果把煮豆子的瓦罐给打翻了，豆子洒了一地，我们就在地上捡着吃，那时候数你捡的最多，我们还笑你呢！"

朱元璋听了后什么也没说，就下令把他的头砍了。

第二个人听说第一个人找到朱元璋后，莫名其妙地就被砍头了，不知道为什么，就害怕了，但他还是想见见朱元璋。

第二个人是这么说的："皇上呀，你还记不记得我们小时候拿着钩镰枪，骑着青龙马。打倒罐州城，活捉豆将军的事情呀？"

朱元璋听了后马上龙颜大悦，让他做了大官。

为什么第一个人和第二个人的结局差别这么大，一个被当场砍了脑袋，而另一个却做了大官？因为第一个人不会说话呀，他说的是实话吗？是实话。可是朱元璋不爱听呀，太没有面子了。你想呀，他是一个皇帝，如果这番话让下面的文武大臣听到后会怎么想？他们肯定会想："这就是我们的皇帝，小时候还干过这种勾当。"所以第一个人就被朱元璋砍了脑袋！

第二个人就不同了，虽然说他说的也是实话，可他形容得好呀。这要让下面的文武大臣听到后，你看看多厉害，他们就会想："怪不得人家能做皇帝，小时候就这么厉害。"

所以第二个人说的话让朱元璋听着很受用，他给足了朱元璋面子，就做大官了。

第 2 关：冷水关

人这一生要经历很多次这样和那样的打击，每一次打击都可能是你一个沉重的包袱甚至是致命的负荷。特别是当你在做一件很有价值的事情，别人却根本无法理解的时候，你会发现总有很多的人在对你说三道四、指指点点。

当然，你可以对这些嗤之以鼻、不闻不问，一次、两次、三次，甚至更多的打击向你蜂拥而来的时候，你还会不会乐观地继续？这个时候你可能会感觉到很孤立、很无助，然后开始怀疑自己的判断能力和行事的方法。

　　要知道世界万物永远都存在着两个方向——积极和消极。无论你今天做的是什么事情都会出现这样的现象：褒贬不一，说什么的都有。因为，人性。在这个世界上有多少个人就会有多少种性格，每一个人和每一个人的思想境界是不一样的。

　　所以，不要去顾虑太多的口舌，无论他们是对你褒也好、贬也好、夸也好、骂也好，你都要记住一句话：我就是我，不管你们怎么说，我行事有自己的特色！

　　每一个成功人士在成功之前都曾经历从各方面泼过来的冷水，这些给你泼冷水的人有可能是你的亲人、朋友、同事、同学或是你的敌对冤家，等等！在这些人当中可能有很多的人他们本身并没有什么恶意，只是站在他们的立场上用自己的看法给你"忠言"。

　　这时候也请你不要有什么过多的想法，你可以把这些所谓的"忠言"报以一笑，任由它去。

　　只要你自己所做的事情是对的，是可行的，是有价值的，那么，即使天不认可、地不认可，全世界都不认可也没关系，你都要告诉自己："我必成功！"

冰凉的冷水可能会蚀肤彻骨，可能会在你激情高涨之时给你顿然一挫。但是，你应该明白水是养育生命万物的根本之源！所以，请你不要拒绝冷水。

2009年，我在河北邯郸成立了一个名叫"旷世奇缘"的爱情拯救公司，这个公司起源于我的一次真实经历。

2007年，我和相恋了两年的女朋友——一个内蒙古的女孩分手后，那种"青灯燃尽眠不成"的痛彻心扉的感觉让我苦苦地寻找着她，想和她重新来过，但是，最后我还是无力回天。

分手后的极端痛苦，让我突发奇想，如果能有一个人或者是一个什么样的团体可以帮帮我，帮我挽回这份爱，哪怕只是再见上最后一面，她要什么我都会全力以赴。但是，很遗憾，没有用，我们就这样天各一方。

所以我就在想，大多数的人都会经历相恋和失恋，还会重新开始。婚姻也一样，有些离婚了又复婚。我失恋后这么痛苦，他们呢，会不会也和我一样？既然我想找人帮助我挽回爱情，那么他们呢，是不是也有和我一样的想法？既然目前在全国市场都没有这样的公司，那么，我为什么就不能开个先例，去创建一个这样专门拯救爱情的公司呢？

2009 年，当我在河北邯郸正式成立这个爱情拯救公司的时候，才发现所面临的冷水给我们带来的压力，完全超出了想象。

首先是在网上，在这个公司正式成立之前，我先把这个想法写到了博客上，后来又出现在邯郸论坛网上。好家伙，那个点击率一天好几千次，可是，他们的留言大多都满含着讽刺："哥们儿，是不是受刺激了，你以为你是 007 呀！"看着这些类似的留言，我只能无语，我在告诉我自己："既然你们说我受刺激了，那我就要刺激出点名堂来！"

其次是在现实中，当我们激情高涨地为了公司的宣传而忙得不亦乐乎的时候，总是能听到有很多人在说这样的话："四个神经病，在做一件荒唐的事情。"听到这样的话的时候我告诉自己："既然你们把我们看作是神经病，那么我们就要神经出精彩！"

还有很多次，有几个朋友很真诚地和我谈："你还是改行吧，你认为拯救爱情很有市场，可是你想过吗？中国这么大，为什么单单就你开了个这样的公司，难道说就你聪明吗？你还是听我的，做点别的吧，这个市场不好做。也许你的想法是好的，但好的并不一定就是成功的呀，还是实在些，想点正当事情做吧！"

听听这话说得，好像我现在做的事情不是正当事情，好像我做的是歪门邪道一样，什么意思？

面对这样的"真诚"，我只能告诉他："对不起，我拒绝消极！"他们虽是好心，但任何事情都需要一个开创者，哪怕鲜血淋淋，哪怕失败，这样的开创者也是光荣的。

从亲人到朋友以至于身边的每一个人，他们都像是商量好了一样和我说："你们做不成，不信试试看！"

还有一次，当我兴致勃勃地和自己的父母说起我的公司是国内首创，以拯救爱情为己任，旨在降低中国的分手率和离婚率的时候，父母却冷冰冰地说了一句："你们病得不轻！"

是的，我们的确是病得不轻。

难道不是吗？成功就应该有一个傻子的思维和疯子的行为！爱因斯坦不是曾经也被别人称为"科学界的神经病"吗？

上天总是垂青于那些专注于成功的人。2009 年 5 月 21 日至 5 月 23 日，仅仅两天的时间，我的爱情拯救公司就被国内 23 家媒体相继报道。一时间迅速成为邯郸市场一个新型行业的骄傲，备受关注。

旷世奇缘爱情拯救公司的成功，关键就是在于顶住了从各方面飞泻而来的冷水。在面对冷水关的巨大压力时，仍然可以雷打不动、继续向前！

在面对冷水关的时候，你首先要做的就是不要被别人的语言所左右，因为，只有你自己才知道自己的价值，世界上所有的成功都是在别人的嘲笑中开始、怀疑中进行、掌声中结束的。这就像树苗一样，都是在冷水的浇灌中才能长成栋梁之材，浇开水可以吗？结果只能把树苗给烫死。

也正因为有人向你泼来太多的冷水，所以才逼出了你成功的潜力！

攻克冷水关最正确的做法就是——认清自己，不要去在乎别人的语言。有一段话是这么说的：

寒山问拾得：世间有人谤我、欺我、辱我、笑我、轻我、贱我、恶我、骗我，如何处治乎？

拾得曰：只要忍他、让他、避他、由他、耐他、敬他、不要理他，再过几年，你且看他。

各位，让我们做好充分的思想准备，向冷水关发起挑战吧！

真正的勇士，敢于正面迎接敌人

第3关：阻力关

《真心英雄》里唱道："不经历风雨怎能见彩虹，没有人能随随便便成功！"任何事情在走向成功的过程中，都要经历千难万险，也就是说人是在不断的阻力下成长起来的。

面对阻力要有一颗平常的心，把它看成是一种成功的必然。据说，鱼类在动物界是生命力最强的一种动物，它们到了产卵期，会把卵产在湍急的水流下，然后在很远的地方等待着小鱼的诞生，诞生后的小鱼要做的第一件事就是冲破阻力、逆流而上，才能见到它们的妈妈，开始自己的一生。

鱼类克服生命中的第一道阻力，以此来学会保护自己的本领。人生也应该如此，学会逆流而上的本领。

三十年前美国的一个南方小镇，有一个叫乔的小男孩，他家和学校之间有一条河挡住了去路。无论是回家还是去学校，别人都会绕过这条河，去走十多里之外的一条土路。而乔却不是，他每天从家里出来的时候，都要搬几块砖头放到河边，久而久之，别人就问乔："你每天从家里出来的时候，都要搬几块砖头放在河边做什么？"乔语气坚定地说："这条河挡住了我家和学校之间的路，我要在河上修一座桥，这样，我去学校的时候，就可以省去很多的时间。"

别人都觉得他很可笑，但是他却在坚持着，日复一日、年复一年，后来这座桥终于修好了，在剪彩仪式上，面对众多的记者，乔只说了一句话："面对阻力，我绝对不会绕道而行！"

三十年后的乔，成了美国的地产大王，这缘于他冲破阻力的信念。

阻力造就了动力，你面对的阻力越多，成功的概率就会越大。只有突破阻力，成功的果实才能更加甜美！

假如人生没有了阻力，那么，你还会珍惜你所拥有的一切吗？

《西游记》可谓家喻户晓、老少皆知吧！唐僧师徒四人远行万里，前后历经十多年，又经历了九九八十一难，其中有凶神恶煞的妖怪恫吓，也有醉香含娇的美人诱惑，但都阻挡不了他们西天取经的那种矢志不移的决心。最后，终于在克服了一道一道的阻力之后，功成名就了。

唐僧师徒取经经历了九九八十一难，各位，你们又经历了多少？

阻力是成功对你的眷顾，不要因为有过多的或过久的阻力而怨天尤人、自暴自弃，恰恰相反，你应该善待阻力。

其实，每天给我们造成阻力的有三种人：亲人、友人和敌人。

无论他们是以什么目的出现，都不要忘记，他们是给你制造阻力的关键！别人说，要感谢你的敌人，我说，也要感谢给你制造阻力的人。

为什么这样说呢？首先来看看我们的亲人，亲人之间是血脉相连的，有着一种神秘的感应能力。正因为是你的亲人，所以他们会设身处地地为你着想，就怕你走了弯路、吃了大亏。但，正因为他们是在设身处地地为你着想，才会让你走进一个"阻力怪圈"。

这种阻力怪圈的鸿沟是很难逾越的，虽然是血脉相连，但思想境界不同呀，在很多的时候你不得不去顾虑他们的感受，你总不能因为去做某些事情而把他们打倒一片吧！

每个人都喜欢生活在一个自我的空间里，当你兴致勃勃地想和朋友分享点什么的时候，你会发现有很多的人不赞成，还有的是一副冷漠的态度，根本对此不感兴趣。你做的他不认可，和他一起做，他又不高兴，这就出现了一种现象：你要做的事情他们认为不好，如果你想和他一起做事情，他们又不高兴，他们就会想，这下又多了个同行，同行是冤家呀！

他们在给你燃烧的激情当头泼下一盆冷水的同时，还打乱了你的方向。不同的人有不同的思想，无论再好的朋友都不会和你思想相同。

所以，当你面对来自朋友方面的阻力的时候，你要记住：每个人都有自己的思想，只有相近，没有相同。有得必有失，只要你自己所做的是对的，就不要太多去顾虑别人的感觉，将自己的坚持进行到底！别人终归是别人，永远都无法代替你自己。

人生在世纵然是朋友遍天下，也会有三两个敌人存在。敌人是什么？就是处处和你过不去，不想让你好过的那些人。他们无时无刻不在给着你强大的阻力，然而，敌人的阻力却给了你一种强烈成功的信念。正所谓，阻力大，弹力就越大。人，都有逆向行为，你越不让我做什么，我就越要做什么，而且还要必须把它做成，每个人都不会在自己的敌人面前示弱。

善待阻力、接受阻力，无论是你的亲人、友人还是敌人，换个角度去看待，其实是他们在帮助你成功！

做情绪的主人，而不是受制于它

第4关：抱怨关

在我们的生活当中，不顺心的事情时有发生，我们每天都要面临烦恼，这些迎面而来的诸多不顺可能会直接影响到我们对工作的信心和生活的热情，让我们处于非常被动的状态。面对这些生活中的黑暗，我们往往都会在无尽的抱怨之中让时间白白溜走，让问题变得更加严重。

甚至有些人面对生活中所发生的渺小变化和一些微不足道的事情就怨天尤人、烦恼不已，他们抱怨日子过得枯燥无味、平淡无奇，抱怨家人不理解、丈夫或妻子不体贴、子女不听话、朋友不支持、自己不争气、社会不公平，在工作上他们抱怨老板不懂得重用人才，抱怨自己前途黑暗、事业无望，抱怨环境差、压力大、事情多、工资少，而且每天还要加班加点，即便如此还得不到上司的重用和赏识。正因为这些诸多的抱怨让本来优秀的自己变得喜怒无常、消极自负，导致了家人的疏远、朋友的隔阂、上司的猜疑、同事的排挤，在孤立无援中错过了人生的大好时光。

所以，在这个时候你要知道，每个人的人生道路都是一样的，都是在无数的困难与烦恼中成长起来的，当面对生活中的黑暗和不幸的时候，我们应该摒弃抱怨，学会自勉，时刻警示自己：

"抱怨能解决什么？"

"除了抱怨我还能做些什么？"

"我该选择一个什么样的人生，是逃避和抱怨，还是勇敢面对？"

俗话说："世上本无事，庸人自扰之。"生活中所有的不顺和烦恼并不取决于生活，而是取决于自己。美国著名的导演斯皮尔伯格说过，抱怨只会是无辜的浪费时间，让问题变本加厉，同时还会伤害自己，如果抱怨可以解决一切，我宁可什么都不做。

为了自己，请不要抱怨，在任何时候都是如此。

抱怨是人生成功的大敌，是导致失败的罪魁祸首。在现实生活中，当我们面临失意、挫折、困难、烦恼和焦虑的时候，我们不妨让自己发热的头脑暂时冷静下来，换一种思维去直面，以一颗炙热、乐观、积极和勇敢的心去化解生活中所有的不顺，生活也必定会带来意想不到的美好，要知道在乌云的顶端必定有烈日炎炎的五彩光环。

所以，我们要记住，在这个世界上没有迈不过去的坎儿，也没有翻不过去的山，无论面对多大的困难，经历多少辛酸，我们都要乐观，绝不抱怨。即便是面对死亡的危险，我们也要微笑与坦然，永远彰显强者的风范。

成功者的精神宣言：

在我的思想里从来就没有失败与抱怨的概念，因为我们知道失败是成功的必然，抱怨只是弱者的表现，无论在生活中经历什么样的磨难，还是在生命中遭受多么巨大的危险，我们也不会去枉然地抱怨，抱怨只是对生命的摧残，抱怨只会让我的人生更加悲观，只会在自己的生命中注入越来越多的污点。抱怨是在浪费自己的时间，只会让自己的前途充满黑暗，甚至是加速死亡的时间。

闹情绪是给自己的心钉钉子

有这样三个云游的和尚在一座破庙里相遇了，其中一个疑惑地问："这座庙为什么荒废了呢？"

甲和尚说："必是和尚不虔，所以菩萨不灵。"

乙和尚说："必是和尚不勤，所以庙宇不修。"

丙和尚说："必是和尚不敬，所以香客不多。"

三个人争执不下，都认为自己说的是对的，最后决定留下来各尽其能：甲和尚礼佛念经，乙和尚整理庙务，丙和尚四方化缘，没多久，这座庙宇的香火果然兴盛起来。这天，三个和尚在一起议论庙宇兴盛的原因，甲和尚说是因为他礼佛虔诚，乙和尚说是因为他勤于管理，丙和尚说是因为他感化了人心，三个人各抒己见，因为争执不休闹开了情绪，渐渐地荒废了各自的事务，庙里盛况不再。

终于有一天，三个和尚得出了一致结论：这座庙荒废的原因，既非和尚不虔，也非和尚不勤，更非和尚不敬，而是和尚不和。

天底下所有的不和，都是由情绪造成的。

拒绝情绪，还我健康思维，正所谓：无欲则刚！

汤姆·沃辛顿在小的时候就很喜欢闹情绪，因为他父亲是个工程师，平时工作太忙，没有太多的时间照顾他和他的母亲，所以他的性格就显得有点孤僻而且还极爱生气。

每次当他闹情绪的时候，他不是暴跳如雷就是一连好几天一声不响地发呆，为此，他的母亲很是担心。

有一次，汤姆又开始闹情绪，他的父亲走过来给了他一个口袋，口袋里装满了钉子，然后指着一块木头和他说："每当你有情绪的时候，你就把这些钉子钉进去，等你没情绪的时候再把它拔出来，然后再钉进去，看看会怎样？"

后来，每当他有情绪的时候，就会照着父亲的话去做：把钉子一个一个地钉到木头里，然后，等他没有了情绪的时候，再把钉子一个一个地拔出来。过了一段时间他父亲过来看他，指着木头上的孔问他："这是怎么回事？"汤姆回答："是钉子扎的。"他父亲说："不，木头上的孔是因为你的情绪造成的。"

是呀！情绪就好比是钉子，它可以让一块木头变得千疮百孔，更何况是我们的心了！

所以，你要记住，当你有情绪的时候，就等于是在往自己的心上钉钉子。

没有情绪，就相当于你的人生没有了弱点。让自己成为刀枪不入的传奇，让别人在无计可施中退步。

　　当然，人是思维动物，有思维就会有情绪，而情绪多来自于生活的压力，适当地放松自己，缓解生活的压力，一点点地改变，摒弃情绪。没有一个人可以突然间改掉所有的习惯，这个完全可以理解。当你的思想里出现了情绪的时候，不妨来这样解决：

　　1. 先找个清净的地方，闭上眼，努力地克制自己的情绪，让自己先冷静五分钟，在冷静的同时，你可以问问自己："我为什么要闹情绪？"

　　2. 冷静地想想，情绪能解决什么问题？这样的事情还会发生吗？如果发生了还能解决吗？用什么方法解决？

　　3. 多为别人考虑，他为什么要这样做？他这样做是不是有他的道理，而他的道理又是什么呢？

　　4. 给自己找定位，如果是我，我也会这样做吗？要是我这样做了会是什么样的结果？要是我不这样做，又会是什么样的结果？

5．情绪效应，如果我选择闹情绪，事情会向哪个方向发展？如果我选择不闹情绪，事情又会朝哪个方向进行？如果我闹情绪，会不会影响其他人，如果影响了其他人我该怎么办？

6．我不闹情绪，事情达不到我预期的效果，那么如果我闹情绪了，事情还达不到我预期的效果，我又该怎样？

7．情绪给我带来的利处是什么？弊端是什么？危害又是什么？

8．站在镜子前面欣赏一下自己的微笑，想一想成功以后的样子，再给自己竖起一个大拇指，告诉自己："除了成功我什么都不在乎！"所以，我要开心、开心再开心。

9．立刻改变！马上改变！就地改变！不给情绪生长的任何空间。

10．以上 9 条每天坚持 1 小时，120 天以后你会发现你的改变超乎了自己的想象。

情绪管理还有一个有效的好方法，可以起到立竿见影的效果：把家里原有的摆设布局打乱，重新换一下位置，可以给你带来一种新鲜感；穿上一套自己平时最喜欢的衣服，可以让你充满自信；拿上钱，去街上购物，买你最想要的东西，你会发现消费给你带来的乐趣。

高兴，就是世界上最开心的事情了！你还闹情绪吗？别跟自己过不去！

成功是一种求生的愿望

第5关：成就关

成就是基于成功之上的又一个境界，也是一个人引以为豪的资本，我们有时候也会听到过某些人这样说："我虽然在各方面都很成功，但不知道为什么，却没有一种成就感。"

当听到这些话的时候你可能会有些疑惑：难道成功不就是成就吗？

其实不然，人生纵然有太大的成功，如果没有了成功带来的感觉，那就与光有一个肉体而没有灵魂是一样的。成就来源于一种自我感觉，同时这种感觉还必须建立在成功上。

一个人要先成功后成就，才能算是成才，成功的是事情，成就的是人生，所以成就才是人生的最高价值。

何为成功？成功应该怎样做？这是一个许多人都在竭其一生的追求。

有个年轻人向苏格拉底请教了一个这样的问题：怎样才能获得成功？苏格拉底就把他带到一条小河边，年轻人觉得很奇怪。结果更奇怪的事情还在后面呢，只见苏格拉底"扑通"一下就跳到了河里，这个年轻人就想，难道大师要教我游泳？这时苏格拉底向年轻人招了招手，示意他也下来，年轻人也就稀里糊涂地跟着下了水。

刚一下水，苏格拉底就把他的头摁到了水里，年轻人本能地挣扎出了水面，苏格拉底又一次把他的头摁到了水里，这次用的力气更大了，年轻人拼命地挣扎，刚一露出水面，就又被苏格拉底死死地摁到了水里，这一次年轻人可顾不了那么多了，死命地挣扎出了水面后，就往岸上跑。跑上岸后，他打着寒战对大师说："大师……大师……你……你要干什么？"

苏格拉底理也不理这位年轻人就上了岸，当他转身远去的时候，年轻人感觉有些事情还没弄明白，于是他追上去对苏格拉底说："大师，恕我愚昧，刚才你对我做的那个动作我还没有悟出道理来，大师能不能给我指点一二？"

苏格拉底看年轻人还挺虚心，于是对年轻人说了一番很有哲理的话："年轻人，如果你真的想要获得成功，你就必须要有一种强烈的成功欲望，就像你刚才有一股强烈的求生欲望一样。"

成功起源于强烈的企盼和愿望，孕育于痛苦的挣扎，是寻找自我，最终超越自我的一种结果。

成功的人都拥有一个相同的特征，他们都拥有着强烈的成功欲望，也就是说有着一种想成就一番事业的心态。

看看我们身边有多少人是成功的，其实挡住很多人前进步伐的不是贫穷和困苦的环境，而是内心对自己的怀疑。我们无法想象一个胸无大志的人会创造出什么奇迹；我们也无法想象一个像李嘉诚、比尔·盖茨、沃伦·巴菲特那样的人会埋没在人海中，他们经历了一次又一次的失败，但因为他们有一种对成功的强烈欲望和心态，所以从不放弃努力！成功的强烈欲望塑造了他们强烈的内动力，也造就了他们的成功人生。

成功是快乐的基础，但要做个有成就的人，就必须知道自己想要的是什么。

在很久很久以前，有三只小鸟一起长大，等到它们羽翼丰满的时候，又一起从巢穴里飞出去，一起去寻找可以让它们成家立业的地方。它们飞呀，飞呀，飞过了很多的高山、河流和丛林，最后，在一个小山丘上停了下来。

一只小鸟落到了一棵树上兴奋地说："这里真高真好，你们看看成群的鸡鸭牛羊，甚至就连大名鼎鼎的千里马都在向我仰望，能够生活在这里，我觉得我应该很满足了！"它决定在这里生活下去。

另外两只却失望地摇摇头说："你既然满意这个环境，就留在这里吧！我们还想到更高更远的地方去看看。"

这两只小鸟继续着它们的飞行旅程，它们的翅膀也变得更加强壮了，又经过了一段漫长的道路之后，它们终于飞到了五彩斑斓的云端。其中一只陶醉了，情不自禁地引吭高歌起来，它沾沾自喜地说："我不想飞了，这辈子能飞上云端，便是伟大的成就了，你不觉得已经十分了不起了吗？"

另一只小鸟很难过地说："不！我坚信一定还有一个更高的境界，我要向另外的那个高度继续前进，遗憾的是，现在我只能独自去追求了。"

说完，它展翅翱翔，向着九霄、向着太阳，执着地飞了上去……

最后，落在树上的小鸟成了麻雀，留在云端的小鸟成了大雁，而飞向太阳的小鸟却成了雄鹰……

目标追求的不同，最终决定了三只小鸟的不同结局！

明确的目标和强烈的欲望产生的积极性在两个方面
起到了作用：它是努力的依据，也是对自我的鞭策，它
给了我们一个看得见的射击靶，随着这些目标的实现，
我们也就会有一种成就感。随着时间的推移，思维和生
活的方式也会随之改变。

> 所以，选择比努力重要、胆识比能力重要、情商
> 比智商重要、成就比赚钱重要！
>
> 无论在任何时候，请你记住两句话，可以促进你
> 成功的两句话：
>
> 我成功，是因为我有成功的企图！
>
> 我成功，是因为我有强烈的欲望！

要知道，成就感是生活给你的超值回报，是你多年
打拼的一种价值认可。

今天我们还没有成功，所以在强烈地期盼着成功，
为了成功我们可以逼迫自己改掉所有坏习惯，为了成功
我们可以强行忍耐别人无法想象的苦难。因为爱拼才会

赢，所以会赢才要拼。

我们有可能每天都在不止一遍地问别人、问自己：成功以后你会怎样？这个问题我也曾经问过不下 1000 个人，他们所有的回答都很类似：要买一套什么样的房子呀，要买一部多少钱的车呀，要到什么地方移民呀，等等，甚至还有人告诉我，要娶个什么样的老婆。

对于类似的回答，我会很不客气地说："差矣！"我的答案可能会让你们感到非常疑惑："为什么？难道我花自己的钱也不对吗？"

当然，每个人的成功都是用自己不懈的努力换来的，至于钱怎么花，那是你们的权利，根本无人可以干涉。但是，你不要忘记了，你现在所享乐的都是当初你在痛苦中获取的，请善待财富。善待财富不是不让你花钱，恰恰相反，是为了让你能够更好、更久地花钱。那么，怎样才能更好更久地花钱呢？那就是永远持续你的成功！

我想每一个成功人士都不愿意再次失败，但是遗憾的是，有 80% 的人在成功以后还会失败，这是为什么？

其实道理很简单，就是他们没有一个合理的安排，从来就没有想过成功以后的计划。

就比如我们各位，因为我们还没有成功，所以在强烈地期盼着成功，为了成功你每天都会有一个很好的计划，每天也都会向着这个计划进行。可是请问各位，有谁做过成功以后的合理计划？几乎没有！

也许你会告诉我，你现在还没有成功，还没有体会到成功以后是什么感觉，所以不需要做成功以后的计划，等成功了就自然会有成功以后的计划。但是，请你记住一句话：人无远虑，必有近忧！把计划做到前面，道路才能远些。等成功以后你所做的一切计划都可能会出现一个现象：忽略自我！

人的一生应该完善两个计划：一个是成功以前的自我管理方法，一个是成功以后的自我控制能力。所以，记住，成功以后，你要做的第一个计划就是：如何闯过自己的成就关，约束自己的成就感！

第六章

顺势而上——运用智慧不蛮干

大气恢宏，成就英雄本色。鹰击长空，彰显强者力量。利用现有条件再度冲刺，在等的智慧中，将成功收于囊中。

第1节　做不到就"等"，这是慢的智慧

> 人生的最大智慧就是"等"，等一个属于自己的合适时机，暂时抛开纷扰的烦琐，用一个冷静的头脑来以静制动、反守为攻！

人生有太多的成败得失和风云变幻，每个人在这一生中都要经历无数次不可预料的事情，纵然你有再完美的计划、再周到的安排也都难以避免因过失而带来的伤害，所谓：世事难料！

每个人都有自己的追求和价值定位，没有成功之前

我们在努力地渴求着成功，成功以后我们又怕再次失败，毕竟我们不想贫穷。所以说人生就犹如闯关，稍有不慎，便会丢盔弃甲，落荒而逃。

今天不要庆幸自己的成功，因为这一切都是来自于必然，是你长此以往努力不懈和孜孜追求的结果。人生的每一个阶段都有一个愿望，这个愿望一旦实现，可能人生就再无憾事。但是同时也要请你时刻做好失败的准备，让成功永远在。

然而，所有的成功人士都会套上一件成就的外衣，有些人利用这件外衣来抵御风寒，给自己在成功的巅峰一个永恒的光点，这个光点可以照亮自己内心的黑暗，来合理地驾驭自己的成就感。

而有些人却被这件外衣遮住了双眼，在成就里迷失了自我，最后无可奈何地摔向了原始的低谷。

曾经，你千辛万苦地创造着成功，直到有一天你终于如愿以偿了，在你奔波奋斗那么多年以后，你终于品尝到了成功的硕果。可是，天有不测风云，这颗硕果在你还没有来得及消化的时候，可能由于某种原因，让你又从成功走向了失败，这个时候，你该怎么办？

我想大部分的人都会说："那有什么，胜败乃兵家常事，大不了从头再来呗！"好，从头再来！可怎么个来法？想过吗？的确，胜败乃兵家常事，你要知道，这句话指的是兵家，可你是兵吗？当然不是，你是商！商人的目的就是成功与财富。

重新来过，对一场战争来说，并不困难，这次输了，如能勇敢地退，积蓄力量，还能争取下次去赢，下次输了，也还会有再下次。

可是人生能吗？难道你能告诉我当你经历了一次又一次的失败与挫折之后还能从容地说："从头再来吗？"因为每个人的心理承受能力都是有底线的，一旦突破这个底线，就会成为一潭死水。我想大家也听说过那句话："哀莫大于心死！"你想想看一个连心都死了的人，又怎么能够从头再来呢？

对于人生的成功而言，一次小小的失误就可能给你带来致命的打击。从头再来不是不可能，但不能无休止地从头再来，即使你选择了从头再来，也要看是否具备那种思维智慧和心理承受能力。

　　让穷人去过富人的生活很好过，而让富人去过穷人的生活却很难。所以不要告诉我什么："成败乃兵家常事！"对于商人而言："成功是必然，失败是自残！"

第 2 节　人类天生会做梦

人类天生会做梦，每一个人都有自己的梦想，梦想着有朝一日能过上有钱有闲的浪漫生活，梦想着海边一套豪华的别墅，梦想着一辆名贵的高档轿车，然后无忧无虑地畅游全国的风景名胜⋯⋯

命运给了我们梦想的舞台，在暗示着我们每个人都会因梦想而成功。

成就来自于计划，计划可以修改，但不能中断，一旦中断，就再也没有信心继续；时间可以延长，但不可以无限延长，失去了时间的紧迫感，成功就会离我们越来越远。

就像雄鹰，它一旦展翅高飞，就会义无反顾，不管路途多么遥远，不管遭遇多少困难，它都不会偏离方向，它会一直朝前向着目标冲刺。

人生因为有了成功才能去感受成就带来的快乐，而当你在享受成就的时候，有没有想过在这个世界上有很多的人也是因为成就而造成了不可估量的危害？任何事情都是相对的，都有其正反两个方面，成就也是如此。它在给你带来前所未有的自信的同时，也会让你产生独断专行的自负。你在感受着成就给你带来的优越的同时，它也在滋生着虚荣的蛀虫。

因为天底下成功的人毕竟是少数，而你又恰恰是其中的佼佼者，你的成就导致了你过分的自信，这个时候不免会让你产生飘飘然的感觉，因为自信心的膨胀让你对任何事情都不会产生恐惧，这个时候你要注意了，过分的胆大就会走向灭亡，巨人集团的轰然倒塌不就是因为史玉柱的成就感造成的吗？

任何事情都要拿捏到一个恰到好处的点位，不能不到又不能太过。

大家来做一个选择题：一个是绕梁围檐，飞不过丛林之端的燕雀；一个是行云穿天，展翅翱翔于万里之遥的雄鹰。你们会选哪个？当然不用说，我想各位都会不假思索地选择后者。每个人都想让自己成为雄鹰，可以在人生的天空里大展宏图，雄鹰翱翔天际的姿态的确壮观，它可以在瞬间将人生的所有风景尽览。

但是，你既然选择了雄鹰的成就，就同时要承受雄鹰的孤独。你成就了人生，人生也会给你巅峰的回报，因为你的高度对很多人来说可能都是高不可攀的，同时你的无上高度也可能会让你迷失了自我的方向。这就像电影里的独孤求败一样，每天都在寻找着击败自己的对手，他为什么要这样做？其实他也是在寻找着一种追求、辨别着一种方向，当这种追求和方向让他无法得到的时候，就有可能产生偏激的思维。

我们随处可见遍地燕雀，但何曾见过成群的雄鹰让你近距离地细细观摩？燕雀胸无大志，但却能感受到人情冷暖；雄鹰高不可攀，然而只能在孤独中终老。我不想否定什么或肯定什么，人各有志，你选择什么，就要承受什么。

并不是雄鹰不想感受人情的冷暖，而是它的高度和心的距离与人情冷暖越来越远。所以一切的是非对错也只能由自己来判断与辨别，即使有人想给你指引方向，也都无能为力。

一览众山小，高处不胜寒，人生的成就也需要有个把握。

人生最大的成就是有雄鹰的志向和燕雀的痴情！不能偏离了原则。

等可以磨炼意志，训练耐心，让人冷静

《卧薪尝胆》的故事就是讲了在等的智慧中反败为胜。

春秋时期，越国在与吴国的交战中失败，于是，吴

王夫差就擒拿了越王勾践，并将勾践抓回了吴国。

吴王凭借自己国家的强大优势，肆意羞辱勾践，并且还下令让勾践做一些喂马或者看守墓地的工作。越王勾践虽对自己所遭遇的一切愤愤不平，但是他面对吴王却依然表现出很服从的样子，而且极其忠心。吴王夫差每一次驾车外出的时候，越王勾践都会在前面为他牵马；或者夫差生病卧床的时候，勾践也会表现出尽心尽力照顾夫差的样子。

勾践的种种忠心行为，夫差都看在眼里，夫差以为勾践的所作所为都是心甘情愿的，于是面对勾践的忠心，夫差就同意勾践回到自己的国家。

勾践返回越国之后，一心想要复国并洗刷自己多年在吴国所受的屈辱。回国后的勾践，深知自己的力量无法和强大的吴国抗衡，为了避免自己忘记仇恨，他每天坚持睡在铺着干草的木床上，还将一颗苦胆挂在门上，每天吃饭或者睡觉前，都会尝一下，以此提醒自己。

越王勾践在这样卧薪尝胆的生活中，忍气吞声地等待着复仇的机会，这一等就是十年，十年之后，越国在勾践的精心治理下变得越来越强盛，从而将吴国一举消灭。

等，在所有人的眼里都是个静止不动、裹足不前的字眼。但却很少有人想过，这个字眼里面，却隐藏着人生的智慧。

等，并不是让你坐在家里什么事都不干，就等着天上掉馅饼，那不是等，那是幻想。等的智慧就在于让自己暂时远离纷扰烦琐的你争我夺，给自己的身心一个彻底清净的空间，去想、去悟、去寻找！

等，也是为了天时、地利、人和三者齐备的时候能够快速地抓住机遇而出奇制胜、反守为攻。

等，也是一种谋略，在遮人耳目的同时又能起到虚则退、实则进的效果。

三国时期的诸葛亮就善于运用等。在刘备三顾茅庐之前，他宁愿隐居南阳卧龙岗，他曾经和他的好朋友孟公威、季州平等说过："你们要是去当官，也不过就和管仲、乐毅一样。"他的好朋友就反过来问他："那你呢？"诸葛亮笑而不言。

看来诸葛亮的本事比管仲、乐毅还要厉害，他既然有这么大的本事，为什么还要隐居山林？他在等什么？

后来孙刘联合，周瑜嫉妒诸葛亮的才能，想以十日十万支箭为由加害诸葛亮，而诸葛亮却说只需三日便可。而在这三日中他却一点都不慌忙，胸有成竹。他又在等什么？原来一切在他的意料之中。

在我们的想象之中被称为世外高人的隐士大贤们不少有着匡扶社稷、济世救人的奇才，他们所运用的智慧不少来自"等"。

等的成功也是让自己的耐心得到锻炼，在做任何事情的时候都不要急功近利、急于求成，从心烦气躁到沉着老练，让自己在等的过程中去改变一些习惯。

有一位女作家应邀去美国访问。一天，她在纽约的街头遇到一位卖花的老太太，这位老太太穿着相当破旧，身体看上去也很虚弱，但她的脸上却充满了喜悦。女作家被老太太的喜悦感染了，她随手挑了一朵花就和老太太说："你看上去很开心。"老太太说道："为什么要不开心呢？你不觉得一切都是那么美好吗？"女作家又说道："看来你很有承担烦恼的能力。"然而，老太太的回答让女作家也感到非常惊讶，她说："耶稣在星期五被钉在了十字架上的时候，那是全世界最糟糕的一天，可三天以后就是复活节。所以，当我们遇到不幸的时候，只要等待三天，一切就会恢复正常了。"

所以学会等的智慧、运用等的智慧，在等的智慧中做到以静制动、反守为攻！

第3节　鹰，当击长空

······························

鹰之所以能够翱翔在蓝天，是因为它有征服天地的雄心！

人类从出生的那一刻开始就注定要成为自己命运的主宰者，我们的第一次啼哭、第一个动作、第一次看见光明就是在告诉自己只有通过睿智地思维，不断地奋斗才能成就其辉煌的一生。

我们都知道每一个人在来到这个世上的第一个本能就是哭声，这是为什么？其实是在向这个世界宣布着自我的存在，是在告诉着每一个人我还活着，既然我还活着就要用我鲜活的生命来创造伟大的观念，来确定生命的价值。

在美国西部的一个小镇上，住着一位山姆老人，他是当地有名的画家，所以人们都很敬重他。

山姆老人有个习惯，就是每个礼拜天都要去郊外参加一项登山的活动，每次他都会带上小孙子，然后再开上那部跟了自己好多年的心爱的老爷车。

这天，又是一个礼拜天，他仍然是带上小孙子，开着车向郊外出发了。当车行到一个山坡上时，出现了故障，山姆老人向四周看了看，发现不远处有一户人家，山姆老人想过去借个扳手修修车。随后，便向那户人家走去。

当山姆老人走到这户人家的院子里时，无意中发现这户人家的鸡圈里竟然有一只鹰，这只鹰蜷缩着身子，似乎和鸡生活得很和睦。当这家的主人得知是知名的山姆老人到来时，不免有些激动，语无伦次地说道："亲爱的山姆先生，真没有想到你能来，我该送你点什么礼物来表示欢迎呢？"山姆老人说明来意后，这家主人毫不犹豫地给山姆老人找出扳手，并一再要求山姆老人接受他们的礼物。盛情难却，山姆老人说："如果您真的想要送我礼物的话，您能不能把鸡圈里的那只鹰送给我？"这家主人当即从鸡圈里抱出了那只鹰递给了山姆老人。

山姆老人接过这只鹰，他没有向车的方向走去，而是走向了山坡，他走了很远很远，然后走到一个感觉很高的地方站住，他将鹰双手托起，眼睛注视着这只鹰说道："鹰啊鹰，你是一只雄鹰！你应该展翅翱翔在天空，你怎么能与鸡群为伍呢？"说完后，山姆老人将这只鹰用力地抛向了天空，但是这只鹰就像没有飞翔能力一样，重重地摔在了地上。

山姆老人再一次抱起这只鹰，又向更高的地方走去，他又将这只鹰用力地抛向了天空，但是这只鹰又一次重重地摔在了地上。

山姆老人没有灰心，他又一次将这只鹰抱在怀里，继续向更高的地方走去。然后，他再一次将这只鹰用力地抛向了天空，鹰似乎也感觉到应该展翅高飞了，就挣扎着扇动了几下翅膀，但还是无奈地重重地摔在了地上。

这次山姆老人抱起这只鹰走到了悬崖边，看着下面的万丈深渊，他再一次托起这只鹰，用眼睛注视着它说："鹰啊鹰，你是一只雄鹰！你应该展翅翱翔在天空，你怎么能与鸡群为伍呢？你用力高飞吧，如果再摔下去，你就会粉身碎骨的！"说完后，山姆老人又将鹰用力地抛向天空，鹰可能知道这次面临生死，就努力地扇动着翅膀，但还是无奈地向悬崖摔去……山姆老人闭着眼睛在等待着奇迹的出现。

鹰随着耳边呼呼的风声急速下坠离地面越来越近，还有几百米马上就会粉身碎骨了。就在刹那之间，它伸开了翅膀，用力地扇动着，为了生命它在做着自己最大的努力。这时候，它发现它不是在向下坠，而是在慢慢地上升。逆着风，伴着伤痛它飞上了云霄，在山姆老人的注视下越飞越远……

　　什么样的环境就会造就什么样的人生，这是无可争议的事实，所以，不一样的环境就会有不一样的观念，不一样的观念就会有不一样的人生观和价值观。我的一个朋友曾经和我讲过这样的一件事情，在他居住的地方，有一个 12 岁的小男孩因为家庭比较优渥，充裕富足的生活让这个小男孩的观念变得任性而畸形。

　　有一天小男孩问父亲："人活着每天除了吃饭、睡觉、花钱外就没有别的事情了吗？"男孩的父亲回答说："我们已经很富有了，这就是我们的人生，你还想做什么呀？"小男孩听了后说："那也太没意思了。"父亲直接回答："这就是人生。"小男孩什么也没有说，第二天就跳井死了。

　　听了这件事情之后让我深思了很久，一个 12 岁的小男孩，他究竟是一个什么样的想法，他的这种想法是什么导致的，在他的这种想法的背后又给了我们什么样的启示？